Glenn H

Dutch
phrase book

AA Publishing

Contents

English edition prepared by First Edition Translations Ltd, Cambridge, UK

Designed and produced by AA Publishing

Distributed in the United Kingdom by AA Publishing, Millstream, Maidenhead Road, Windsor, Berkshire SL4 5GD

Adapted from Wat & Hoe Engels, © Uitgeverij Kosmos bv – Utrecht/Antwerpen, first published in 1998

Van Dale Lexicografie bv – Utrecht/Antwerpen

This edition © Automobile Association Developments Limited 1999
Reprinted Feb 2000
Reprinted Sep 2000
Reprinted Feb 2003
Reprinted Nov 2003

A CIP catalogue record for this book is available from the British Library

Published by AA Publishing (a trading name of Automobile Association Developments Limited, whose registered office is Millstream, Maidenhead Road, Windsor, Berkshire SL4 5GD. Registered number 1878835)

A01978

Typeset by The Write Idea, Cambridge

Printed and bound in Italy by Printer Trento srl

Cover photographs: Antique tile, AA World Travel Library (K Paterson); woman in traditional dress, Robert Harding Picture Libary; windmill, Pictures Colour Library Ltd

Find out more about AA Publishing and the wide range of services the AA provides by visiting our web site at www.theAA.com

Introduction

● **Welcome to the AA's new Essential Phrase Books series, covering the world's most popular languages and containing everything you'd expect from a comprehensive language series. They're concise, accessible and easy to understand, and you'll find them indispensable on your trip abroad.**

Each guide is divided into 15 themed sections and starts with a pronunciation table which explains the phonetic pronunciation to all the words and phrases you'll need to know for your trip, while at the back of the book is an extensive word list and grammar guide which will help you construct basic sentences in your chosen language.

Throughout the book you'll come across coloured boxes with a 🌑 beside them. These are designed to help you if you can't understand what your listener is saying to you. Hand the book over to them and encourage them to point to the appropriate answer to the question you are asking.

Other coloured boxes in the book – this time without the symbol – give alphabetical listings of themed words with their English translations beside them.

For extra clarity, we have put all English words and phrases in black, foreign language terms in red and their phonetic pronunciation in italic.

This phrase book covers all subjects you are likely to come across during the course of your visit, from reserving a room for the night to ordering food and drink at a restaurant and what to do if your car breaks down or you lose your traveller's cheques and money. With over 2,000 commonly used words and essential phrases at your fingertips you can rest assured that you will be able to get by in all situations, so let the Essential Phrase Book become your passport to a secure and enjoyable trip!

Pronunciation table

English speakers can imitate the actual sounds of the words by saying the version in italics. Pronounce each syllable as if it formed part of an English word and you should be understood. If you bear the following points in mind as well, your pronunciation should be more accurate.

Vowels

a	pronounced as	**a**	in smart
a/aa	pronounced as	**ah**	
auw	pronounced like	**ough**	in Slough
e	pronounced as	**e**	in test
e/ee	pronounced as	**ay**	in may
er	at the beginning of words this is often pronounced as air but within and at the ends of words it is between the English **er** in water and the English sound air. These sounds are separately represented in imitated pronunciation by **air** and **er**		
eu	imitate with a nasal **ay** with pursed lips. The sound has no equivalent in English but can be approximated by voicing a diffident **er** sound but has been written -eu- in the imitated pronunciations		
i	pronounced as	**i** in it	
ie	pronounced like	**ee** in feet	
ij/ei	imitate with	**aye** like the English word aye	
o	pronounced as	**o** in hot	
oe	pronounced as	**oo** in boot	
oo	pronounced as	**oa** in boat	
ou/au	pronounced as	**ou** in house	
u	in middle of word pronounced as **u** in hurt		
u/uu/uw	imitate with	**oo**	
ui	imitate with	**owa**, with the **ow** of cow and an almost unvoiced short **a**	

Consonants

b	as in English but pronounce like **p** in cup at the end of a word
c	before a consonant or **a**, **o**, **u**, pronounce as **k** in kick before **e** and **i** pronounce as **s** in set
ch	usually pronounced as **ch** in loch but in words of French origin pronounced like **sh** in shoot
chtj	pronounce as **ch** in loch followed by Dutch **j**
d	as in English except at end of word when usually pronounced like **t** in hat
g	pronounced as **ch** in loch at the end of a word or before a strong consonant in a few words of French origin as **s** in treasure in all other cases pronounced like a softer version of **ch** in loch
j	pronounced as **y** in yes in words borrowed from French as **s** in treasure
nj	pronounced as **ni** in onion
r	the **r** is trilled in the front or back of the mouth
sj	pronounced as **sh** in shut
sch	pronounced as **s** followed instantly by the Dutch sound for **ch**

th	pronounced as **t** in tea
tj	pronounced like **t** in hit followed closely by the **y** of you
v	often pronounced like **f** in feel
w	similar in pronunciation to English **v** in vase

Hyphens have been used in the imitated pronunciation to split words into sounds you can imitate and to prevent ambiguity with varying sounds in English of various letter combinations. In common with other languages, the correct sound of a word in Dutch requires stress on the correct syllable but if you pronounce the words that have been divided by hyphens as though these are separate syllables you will also approximate the stress. Native and fluent speakers will of course run many of these sounds together.

Useful lists

1 Useful lists

1.1 Today or tomorrow?

What day is it today? _____	Welke dag is het vandaag?
	Vel-ke dakh is het fan-dakh?
Today's Monday_____	Vandaag is het maandag
	Fan-dakh is het maan-dakh
– Tuesday_____	Vandaag is het dinsdag
	Fan-dakh is het dins-dakh
– Wednesday _____	Vandaag is het woensdag
	Fan-dakh is het woons-dakh
– Thursday_____	Vandaag is het donderdag
	Fan-dakh is het donder-dakh
– Friday_____	Vandaag is het vrijdag
	Fan-dakh is het fraye-dakh
– Saturday _____	Vandaag is het zaterdag
	Fan-dakh is het zater-dakh
– Sunday _____	Vandaag is het zondag
	Fan-dakh is het zon-dakh
in January _____	in januari
	in yan-oo-aree
since February _____	sinds februari
	sinze feb-roo-aree
in the spring _____	in de lente
	in de len-te
in the summer _____	in de zomer/ 's zomers
	in de zoamer/ szoamers
in autumn _____	in de herfst
	in de herfst
in winter_____	in de winter/ 's winters
	in de winter/ swinters
1999_____	negentien-negen-en-negentig
	naykhen-teen naykhen an naykhentikh
the twentieth century _____	de twintigste eeuw
	de twintikh-sta ay-oo
What is the date today?___	De hoeveelste is het vandaag?
	De hoo-fayl-sta is het fan-dakh?
Today's the 24th_____	Vandaag is het de vierentwintigste
	Fan-dakh is het de feer-en-twintikh-sta
Monday 1 November _____ 1999	maandag een november, negentien-negen-en-negentig
	maan-dakh ayn november, naykhenteen-naykhen-en-naykhentikh
in the morning _____	's morgens
	smorkhens
in the afternoon_____	's middags
	smiddakhs
in the evening _____	's avonds
	safonds
at night_____	's nachts
	snakhts
this morning _____	vanmorgen
	fan-morkha

this afternoon	vanmiddag
	fan-middakh
this evening	vanavond
	fan-afond
tonight	vannacht (komende nacht)
	fan-nakht (koa-men-da nakht)
last night	vannacht (afgelopen nacht)
	fan-nakht (af-kha-loap-a nakht)
this week	deze week
	day-ze wayk
next month	volgende maand
	folkhenda maand
last year	vorig jaar
	forikh yaar
next...	aanstaande...
	aan-staan-de
in...days/weeks/ months/years	over...dagen/weken/maanden/jaar
	oafer...daakhen/wayken/maanden/yaar
...weeks ago	... weken geleden
	... wayken khe-layda
day off	vrije dag
	vraye dakh

1 .2 Bank Holidays

● The main public holidays in The Netherlands (NL) and Belgium (B) are the following:

January 1	Nieuwjaarsdag (New Year's Day) NL B
	Ni-oo-yaars-dakh
Friday before Easter *	Goede Vrijdag (Good Friday) NL
	Khooda Frayedakh
Monday after Easter	Paasmaandag (Easter Monday)
	Paasmaandakh
April 30	Koninginnedag (Queen's birthday) NL
	Cone-ing-inna-dakh
May 1	Dag van de Arbeid (Labour Day) B
	Dakh fan de arbayed
May 5	Bevrijdingsdag (Liberation Day) NL
	Be-fraye-dings-dakh
Ascension Day (movable date)	Hemelvaartsdag NL B
	Haymel-varts-dakh
Whit Monday	Pinkstermaandag (Pinkstermaandag) NL B
	Pinkster-maandakh
July 21	Nationale Feestdag (National Day) B
	Nashon-alla Faystdakh
August 15	Maria Hemelvaart (Assumption Day) B
	Maria Haymelvart
November 1	Allerheiligen (All Saints Day) B
	Aller-hayl-ikhen
November 11	Wapenstilstandsdag (Armistice Day) B
	Waapen-still-stands-dakh
December 25	Kerstdag (Christmas Day) NL B
	Kairst-dakh
December 26	Tweede Kerstdag (Boxing Day) NL
	Tway-de Kairst-dakh

* Only in parts of the south of The Netherlands

What time is it?	Hoe laat is het?
	Hoo laat is het?
It's nine o'clock (am)	Het is negen uur
	Het is naykhen oor
– five past ten	Het is vijf over tien
	Het is fayef oafer teen
– a quarter past eleven	Het is kwart over elf
	Het is kwart oafer el-ef
– twenty past twelve (pm)	Het is tien voor half een
	Het is teen for hal-ef ayn
– half past one (pm)	Het is dertien uur dertig/ ... half twee
	Het is der-teen oor der-tikh/ ... hal-ef tway
– twenty-five to three (pm)	Het is veertien uur vijf en dertig/ ... vijf over half drie
	Het is fayr-teen oor fayef en der-tikh/ ... fayef oafer hal-ef dree
– a quarter to four (pm)	Het is vijftien uur vijf en veertig/ ... kwart voor vier
	Het is fayef-teen oor fayef en feer-tikh/ ... kwart for feer
– ten to five	Het is zestien uur vijftig/ ... tien voor vijf
	Het is zessteen oor fayef-tikh/ ... teen for fayef
– twelve noon	Het is twaalf uur 's middags
	Het is twal-ef oor smiddakhs
– midnight	Het is twaalf uur 's nachts
	Het is twal-ef oor snakhts
half an hour	een half uur
	an hal-ef oor
What time?	Om hoe laat?
	Om hoo laat?
What time can I come round?	Hoe laat kan ik langskomen?
	Hoo laat kan ik langskoamen?
At...	Om ...
	Om
After...	Na ...
	Na ...
Before...	Voor
	For
Between...and...	Tussen ... en ...
	Tussen ... en ...
From...to...	Van ... tot ...
	Fan ... tot ...
In...minutes	Over ... minuten
	Oafer ... minooten
– an hour	Over een uur
	Oafer an oor
– a quarter of an hour	Over een kwartier
	Oafer an kwarteer
– three quarters of an hour	Oafer drie kwartier
	Oafer dree kwarteer
early/late	te vroeg/laat
	te frookh/laat
on time	op tijd
	op tayet

11

summer time	_____	zomertijd
		zoamer-tayet
winter time	_____	wintertijd
		vinter-tayet

1 .4 One, two, three...

0	_____	nul	*nul*
1	_____	een	*ayn*
2	_____	twee	*tway*
3	_____	drie	*dree*
4	_____	vier	*feer*
5	_____	vijf	*fayef*
6	_____	zes	*zess*
7	_____	zeven	*zayfen*
8	_____	acht	*akht*
9	_____	negen	*naykhen*
10	_____	tien	*teen*
11	_____	elf	*el-ef*
12	_____	twaalf	*twaal-ef*
13	_____	dertien	*derteen*
14	_____	veertien	*fayrteen*
15	_____	vijftien	*fayefteen*
16	_____	zestien	*zessteen*
17	_____	zeventien	*zayfenteen*
18	_____	achttien	*akht-teen*
19	_____	negentien	*naykhen-teen*
20	_____	twintig	*twintikh*
21	_____	eenentwintig	*ayn en twintikh*
22	_____	tweeëntwintig	*tway en twintikh*
30	_____	dertig	*dertikh*
31	_____	eenendertig	*ayn en dertikh*
32	_____	tweeëndertig	*tway en dertikh*
40	_____	veertig	*fayrtikh*
50	_____	vijftig	*fayeftikh*
60	_____	zestig	*zesstikh*
70	_____	zeventig	*zayfentikh*
80	_____	tachtig	*takhtikh*
90	_____	negentig	*naykhentikh*
100	_____	honderd	*honderd*
101	_____	honderd één	*honderd ayn*
110	_____	honderd tien	*honderd teen*
120	_____	honderd twintig	*honderd twintikh*
200	_____	tweehonderd	*twayhonderd*
300	_____	driehonderd	*dreehonderd*
400	_____	vierhonderd	*feerhonderd*
500	_____	vijfhonderd	*fayefhonderd*
600	_____	zeshonderd	*zesshonderd*
700	_____	zevenhonderd	*zayfenhonderd*
800	_____	achthonderd	*akhthonderd*
900	_____	negenhonderd	*naykhenhonderd*
1000	_____	duizend	*dowzend*
1100	_____	elfhonderd	*el-ef honderd*
2000	_____	tweeduizend	*twaydowzend*

10,000	tienduizend	*teen-dowzend*
100,000	honderdduizend	*honderd dowzend*
1,000,000	miljoen	*mil-yoon*
1st	eerste	*ayr-sta*
2nd	tweede	*tway-da*
3rd	derde	*derda*
4th	vierde	*feerda*
5th	vijfde	*fayefda*
6th	zesde	*zessda*
7th	zevende	*zayfenda*
8th	achtste	*akhsta*
9th	negende	*naykhenda*
10th	tiende	*teenda*
11th	elfde	*el-efda*
12th	twaalfde	*twaal-efda*
13th	dertiende	*derteenda*
14th	veertiende	*fayrteenda*
15th	vijftiende	*fayefteenda*
16th	zestiende	*zessteenda*
17th	zeventiende	*zayfenteenda*
18th	achtiende	*akhtteenda*
19th	negentiende	*naykhenteenda*
20th	twintigste	*twintikhste*
21st	eenentwintigste	*aynentwintikhste*
22nd	tweeëntwintigste	*twayentwintikhste*
30th	dertigste	*dertikhste*
100th	honderdste	*honderdsta*
1,000th	duizendste	*dowzendsta*
once	eenmaal	*ayn-maal*
twice	tweemaal	*tway-maal*
double	het dubbele	*het dub-bel-le*
triple	het driedubbele	*het dree-dub-bel-le*
half	de helft	*de hel-eft*
a quarter	een kwart	*ayn kwart*
a third	een derde	*ayn derda*
a couple, a few, some	een paar, een aantal, enkele	
	an paar, an aan-tal, en-ke-le	
2 + 4 = 6	twee plus vier is zes	
	tway plus feer is zess	
4 – 2 = 2	vier min twee is twee	
	feer min tway is tway	
2 x 4 = 8	twee keer vier is acht	
	tway keer feer is acht	
4 ÷ 2 = 2	vier gedeeld door twee is twee	
	feer khedaylt dor tway is tway	
even/odd	even/oneven	
	ayfan/onayfan	
total	(in) totaal	
	(in) toa-taal	
6 x 9 (area)	zes bij negen (oppervlaktemaat)	
	zess baye naykhen (opperflakta-maat)	

.5 The weather

Useful lists

Is the weather going to be good/bad?	Wordt het mooi/slecht weer? *Vort-et mow-ee/slekht weer?*
Is it going to get colder/warmer?	Wordt het kouder/warmer? *Vort-et kowder/warmer?*
What temperature is it going to be?	Hoeveel graden wordt het? *Hoofayl khraada vort-et?*
Is it going to rain?	Gaat het regenen? *Khaat-et raykhana?*
Is there going to be a storm?	Gaat het stormen? *Khaat-et storma?*
Is it going to snow?	Gaat het sneeuwen? *Khaat-et snay-oo-wen?*
Is it going to freeze?	Gaat het vriezen? *Khaat-et freezen?*
Is the thaw setting in?	Gaat het dooien? *Khaat-et doa-yan?*
Is it going to be foggy?	Gaat het misten? *Khaat-et mist-en?*
Is there going to be a thunderstorm?	Komt er onweer? *Komt-air onwayr?*
The weather's changing	Het weer slaat om *Het wayr slaat om*
It's cooling down	Het koelt af *Het koolt af*
What's the weather going to be like today/ tomorrow?	Wat voor weer wordt het vandaag/morgen? *Vat for wayr vort-et vandakh/morkha?*

benauwd	onbewolkt
muggy	**clear**
betrokken	onweersbui
overcast	**thunderstorm**
bewolkt	regen
cloudy	**rain**
... graden (boven/onder nul)	regenbui
... degrees (above/below zero)	**shower**
heet	vorst
hot	**frost**
ijzel	regenachtig
black ice	**wet**
kil	rukwinden
chilly	**squalls**
koud	sneeuw
cold	**snow**
mist	zacht
fog	**mild**
mooi	zonnig
fine	**sunny**
motregen	
drizzle	

.6 Here, there...

See also 5.1 Asking for directions

here/there	hier/daar
	heer/daar
somewhere/nowhere	ergens/nergens
	erkhens/nerkhens
everywhere	overal
	oafer-al
far away/nearby	ver weg/dichtbij
	fer vekh/dikhtbaye
right/left	naar rechts/links
	naar rekhts/links
straight ahead	rechtdoor
	rekhtdoor
via	via
	fee-a
in	in
	in
on	op
	op
under	onder
	on-der
against	tegen
	taykhen
opposite	tegenover
	taykhen-oafer
next to	naast
	naast
near	bij
	baye
in front of	voor
	foar
in the centre	in het midden
	in het midda
forward	naar voren
	naar foara
down	(naar) boven
	(naar) boafa
inside	(naar) binnen
	(naar) bin-nun)
outside	(naar) buiten
	(naar) bowten
behind	achter
	akhter
at the front	vooraan
	foar-aan
at the back	achteraan
	akhter-aan
in the north	in het noorden
	in het norden
to the south	naar het zuiden
	naar het zowden
from the west	uit het westen
	owt het vesten

15

from the east _____	van het oosten
	fan het oasten
...of _____	ten ..van
	ten ... fan

1.7 What does that sign say?

See 5.4 Traffic signs

bediening aan de bar	hoogspanning	praktijk tandarts
counter	high voltage	dentist's surgery
service only	huisdieren niet	privé
bezet	toegestaan	private
engaged	no pets allowed	roltrap
binnen te vragen	ingang	escalator
enquire within	entrance	stoot uw hoofd niet
brandblusser	inlichtingen	mind your head
fire extinguisher	information	te huur
brandgevaar	kassa	for hire
fire hazard	pay here	te koop
brandtrap	let op het afstapje	for sale
fire escape	mind the step	trekken
dames (wc)	metro	pull
women (toilet)	underground	uitgang
defect	niet aanraken	exit
out of order	do not touch	uitverkoop
duwen	niet storen a.u.b.	sale
push	please do not disturb	verboden afval te
eerste hulp	noodrem	laten liggen
casualty/first aid	emergency brake	no litter
... etage/verdieping	nooduitgang	verboden op het
... floor	emergency exit	gras te lopen
geen teruggave van	open vuur verboden	keep off the grass
wisselgeld	no open fires	verboden te roken
no change given	openingstijden	no smoking
gereserveerd	opening hours	verboden toegang
reserved	opheffingsuitverkoop	no entry
gesloten	closing-down sale	... verdieping/etage
closed	opruiming	... floor
gevaar	clearance sale	vol
danger	pas geverfd	full
gratis mee te nemen	wet paint	VVV
please take one	pas op voor de hond	tourist information
halte op verzoek	beware of the dog	wacht hier in de rij
request stop	praktijk huisarts	queue here
heren (wc)	doctor's surgery	ziekenhuis
men (wc)		hospital

1.8 Telephone alphabet

a _____	*ah*	Anna	*an-na*
b _____	*bay*	Bernard	*bern-ard*
c _____	*say*	Cornelis	*korn-aylis*
d _____	*day*	Dirk	*dir-ik*
e _____	*ay*	Eduard	*ay-doo-ard*
f _____	*eff*	Ferdinand	*fer-din-ant*
g _____	*khay*	Gerard	*khayrard*

16

h	_hah_	Hendrik	_hen-drik_
i	_ee_	Izaak	_ee-zaak_
j	_yay_	Jan	_yan_
k	_kah_	Karel	_kaarel_
l	_el_	Lodewijk	_loa-de-waye-k_
m	_em_	Marie	_ma-ree_
n	_en_	Nico	_ni-co_
o	_ow_	Otto	_ot-toa_
p	_pay_	Pieter	_pee-tair_
q	_koo_	Quadraat	_kwad-raat_
r	_air_	Rudolf	_rood-olef_
s	_ess_	Simon	_see-mon_
t	_tay_	Theodoor	_tayoh-doar_
u	_oo-we_	Utrecht	_oo-trekht_
v	_fay_	Victor	_fik-tor_
w	_way_	Willem	_vil-em_
x	_ex_	Xantippe	_zan-tippa_
y	_ee-grek_	Ypsilon	_up-sil-on_
ij	_lang-a ay-ya_	IJmuiden	_aye-mow-de_
z	_zed_	Zaandam	_zaan-dam_

1 .9 Personal details

surname	achternaam
	akhter-naam
forename(s)	voornaam/voornamen
	fornaam/fornaamen
initials	voorletters
	for-letters
address (street/number)	adres (straat/nummer)
	address (straat/nummer)
post code/town	postcode/woonplaats
	posstkoda/woan-plaats
sex (male/female)	geslacht (mannelijk/vrouwelijk)
	kha-slakht (mon-na-layk/frow-wa-layk)
nationality	nationaliteit
	nashon-al-it-tyt
date of birth	geboortedatum
	khaborta-datum
place of birth	geboorteplaats
	khaborta-plaats
occupation	beroep
	be-roop
married/single/divorced	gehuwd/ongehuwd/gescheiden
	khehoowd/on-khehoowd/kheskhayeden
widowed	weduwe/weduwnaar
	waydoowa/waydoownaar
(number of) children	(aantal) kinderen
	(aan-tal) kindera
passport/identity card/driving licence/ number	passpoort/legitimatie/rijbewijs nummer
	pasport/laykheetee-maatsee/raye-be-wayes nummer
place and date of issue	plaats en datum van aangifte
	plaats en daatum fon an-khifte

Courtesies

Courtesies

2 .1 **G**reetings

Hello Mr Smith _____	Dag meneer Smith
	Dakh meneer Smith
Hello Mrs Jones _____	Dag mevrouw Jones
	Dakh mafrough Jones
Hello, Peter _____	Hallo, Peter
	Hallo, Payter
Hi, Helen _____	Hoi, Helen
	Hoy, Hell-en
Good morning, madam ___	Goedemorgen mevrouw
	Khooda-morkha mafrough
Good afternoon, sir _____	Goedemiddag meneer
	Khooda-middakh meneer
Good evening _____	Goedenavond
	Khooda-afont
How are you? _____	Hoe gaat het ermee?
	Who khaat-et air-may?
Fine, thank you, and you? _	Prima, en met u?
	Preema, en met oo?
Very well _____	Uitstekend
	Owt-stake-ent
Not very well _____	Niet zo goed
	Neet zo khood
Not too bad _____	Gaat wel
	Khaat vel
I'd better be going _____	Ik ga maar eens
	Ik kha maar ayns
I have to be going. _____	Ik moet er vandoor. Er wordt op mij
Someone's waiting	gewacht.
for me	*Ik moot er fan-door. Er wort op may khevakht*
Bye! _____	Dag!
	Dakh!
Goodbye _____	Tot ziens
	Tot zeens
See you soon _____	Tot gauw
	Tot khow
See you later _____	Tot straks
	Tot straks
See you in a little while ___	Tot zo
	Tot zoa
Sleep well/good night _____	Welterusten
	Vel-te-rust-a
Good night _____	Goedenacht
	Khooda-nakht
All the best _____	Het beste
	Het besta
Have fun _____	Veel plezier
	Fayl playzeer
Good luck _____	Veel geluk
	Fayl kheluk

Have a nice holiday	_____	Prettige vakantie
		Pretikha vakant-see
Have a good trip	_____	Goede reis
		Khooda rayes
Thank you, you too	_____	Bedankt, insgelijks
		Bedankt, ins kha-likes
Say hello to...for me	_____	De groeten aan...
		De khrooten aan...

2 .2 How to ask a question

Who?	_____	Wie?
		Vee?
Who's that?	_____	Wie is dat?
		Vee is dat?
What?	_____	Wat?
		Vat?
What's there to see here?	_____	Wat is hier te zien?
		Vat is heer te zeen?
What kind of hotel is that?	_____	Wat voor soort hotel is dat?
		Vat for sort hotel is dat?
Where?	_____	Waar?
		Vaar?
Where's the toilet?	_____	Waar is het toilet?
		Vaar is het twa-let?
Where are you going?	_____	Waar gaat u naar toe?
		Vaar khat oo naar too?
Where are you from?	_____	Waar komt u vandaan?
		Vaar komt u fan-daan?
How?	_____	Hoe?
		Hoo?
How far is that?	_____	Hoe ver is dat?
		Hoo fer is dat?
How long does it take?	_____	Hoe lang duurt dat?
		Hoo lang doo-ert dat?
How long is the trip?	_____	Hoe lang duurt de reis?
		Hoo lang doo-ert de rayes?
How much?	_____	Hoeveel?
		Hoo-fayl?
How much is this?	_____	Hoeveel kost dit?
		Hoo-fayl kost dit?
What time is it?	_____	Hoe laat is het?
		Hoo laat is het?
Which?	_____	Welk/Welke?
		Vel-ek/Vel-ke?
Which glass is mine?	_____	Welk glas is voor mij?
		Vel-ek khlas is for maye?
When?	_____	Wanneer?
		Vaneer?
When are you leaving?	_____	Wanneer vertrekt u?
		Vaneer fertrekt-oo?
Why?	_____	Waarom?
		Varom?
Could you...me?	_____	Kunt u me ... ?
		Koont-oo ma ... ?
Could you help me, please?	_____	Kunt u me helpen, alstublieft?
		Koont-oo ma helpen, als-too-bleeft?

Could you point that out to me?	Kunt u me dat wijzen?
	Kunt-oo ma dat wayezen?
Could you come with me, please?	Kunt u met me meegaan alsublieft?
	Kunt-oo met ma may-khan als-too-bleeft
Could you...	Wilt u...?
	Vilt-oo...?
Could you reserve some tickets for me, please?	Wilt u voor mij kaartjes reserveren alstublieft?
	Vilt-oo voor maye kart-yas reserv-ayren als-too-bleeft
Do you know...?	Weet u ... ?
	Vayt-oo?
Do you know another hotel, please?	Weet u misschien een ander hotel?
	Vayt-oo miss-kheen an ander hotel
Do you have...?	Heeft u ... ?
	Hayft-oo ... ?
Do you have a...for me?	Heeft u voor mij een ... ?
	Hayft-oo foar maye ayn...?
Do you have a vegetarian dish, please?	Heeft u misschien een vegetarisch gerecht
	Hayft-oo miss-kheen an vaykha-taarees khe-rekht?
I'd like...	Ik wil graag ...
	Ik vil khraakh ...
I'd like a kilo of apples, please	Ik wil graag een kilo appels
	Ik vil khraakh an keelo appels
Can I...?	Mag ik ... ?
	Makh-ik ... ?
Can I take this?	Mag ik dit meenemen?
	Makh ik dit maynaymen?
Can I smoke here?	Mag ik hier roken?
	Makh ik heer roak-en?
Could I ask you something?	Mag ik wat vragen?
	Makh ik vat frakh-en?
Yes, of course	Ja, natuurlijk
	Ya, nat-oor-lik

2.3 How to reply

No, I'm sorry	Nee, het spijt me
	Nay, het spayet ma
Yes, what can I do for you?	Ja, wat kan ik voor u doen?
	Ya, vat kan ik for oo doo-en?
Just a moment, please	Een ogenblikje alstublieft
	An oakhenblik-ya als-too-bleeft
No, I don't have time now	Nee, ik heb nu geen tijd
	Nay, ik hep noo khayn tayet
No, that's impossible	Nee, dat is onmogelijk
	Nay, dat is on-moakh-elik
I think so	Ik geloof het wel
	Ik khe-loaf het vel
I agree	Ik denk het ook
	Ik denk het oak
I hope so too	Ik hoop het ook
	Ik hoap het oak
No, not at all	Nee, helemaal niet
	Nay, hayl-a-mal neet

Courtesies

No, no-one _____	Nee, niemand
	Nay, neemant
No, nothing _____	Nee, niets
	Nay, nix
That's (not) right _____	Dat klopt (niet)
	Dat klopt (neet)
I (don't) agree _____	Dat ben ik (niet) met u eens
	Dat ben ik (neet) met-oo ayns
All right _____	Dat is goed
	Dat is khood
Okay _____	Akkoord
	Ak-kord
Perhaps _____	Misschien
	Miss-kheen
I don't know _____	Ik weet het niet
	Ik vayt het neet
Thank you _____	Bedankt/dank u wel
	Be-dankt/dank-oo-vel

🔊 .4 Thank you

You're welcome _____	Geen dank/graag gedaan
	Khayn dank/ khraakh khedaan
Thank you very much _____	Heel hartelijk dank
	Hayl hart-a-lik dank
Very kind of you _____	Erg vriendelijk van u
	Erkh freendalik fan oo
I enjoyed it very much ___	Was me een waar genoegen
	Vas ma an vaar khe-noo-khen
Thank you for your _____ trouble	Dank u voor de moeite
	Dank oo for de moo-it-ta
You shouldn't have _____	Dat had u niet moeten doen
	Dat hat oo neet mooten doo-en
That's all right _____	Dat zit wel goed hoor
	Dat zit vel khood hor

🔊 .5 Sorry

Excuse me _____	Pardon
	Par-don
Sorry! _____	Sorry!
	Soree
I'm sorry, I didn't know... __	Sorry, ik wist niet dat ...
	Soree, ik vist neet dat ...
Pardon me _____	Neemt u me niet kwalijk
	Naymt-oo ma neet kwal-lik
I'm sorry _____	Het spijt me
	Het spayet ma
I didn't do it on purpose, ___ it was an accident	Ik deed het niet expres, het ging per ongeluk
	Ik dayd het neet express, het khing per on-kha-luk
That's all right _____	Dat geeft niet, hoor
	Dat khayft neet, hor
Never mind _____	Laat maar zitten
	Laat mar zitta

| It could've happened to anyone | Dat kan iedereen overkomen |
| | *Dat kan eeder-ayn oaferkoama* |

.6 What do you think?

Which do you prefer?	Wat heeft u liever?
	Vat hayft-oo leefer?
What do you think?	Wat vind je ervan?
	Wat fint ya air-fan
Don't you like dancing?	Houd je niet van dansen?
	How-ya neet fan dansa?
I don't mind	Het maakt mij niets uit
	Het maakt maye nix owt
Well done!	Goed zo!
	Khood-zo!
Not bad!	Niet slecht!
	Neet slekht!
Great!	Uit de kunst!
	Owt de kunst
Wonderful!	Heerlijk!
	Heerlik!
It's really nice here!	Wat is het hier gezellig!
	Vat is het heer khezellikh
How nice!	Wat leuk/mooi!
	Vat l-eu-k/mow-ee!
How nice for you!	Wat fijn voor u!
	Vat fayen for oo!
I'm (not) very happy with...	Ik ben (niet) erg tevreden over ...
	Ik ben (neet) erkh te-fray-den oafer...
I'm glad...	Ik ben blij dat ...
	Ik ben blaye dat
I'm having a great time	Ik amuseer me prima
	Ik amooseer ma preema
I'm looking forward to it	Ik verheug me erop
	Ik ferh-eu-kh ma er-op
I hope it'll work out	Ik hoop dat het lukt
	Ik hoap dat het lukt
That's ridiculous!	Wat waardeloos!
	Vat vaardeloas!
That's terrible!	Wat afschuwelijk!
	Vat afskoowalik!
What a pity!	Wat jammer!
	Vat yammer!
That's filthy!	Wat vies!
	Vat fees!
What a load of rubbish!	Wat een onzin/flauwekul!
	Vat an on-zin/flau-wa-kul!
I don't like...	Ik houd niet van ...
	Ik how neet fan ...
I'm bored to death	Ik verveel me kapot
	Ik fervayl ma ka-pot
I've had enough	Ik heb er genoeg van
	Ik heb-er khenookh fon
This is no good	Dat kan zo niet
	Dat kan zo neet
I was expecting something completely different	Ik had iets heel anders verwacht
	Ik hat eets hayl anders fervakht

Conversation

Conversation

3 .1 **I** beg your pardon?

I don't speak any/ _____ I speak a little...	Ik spreek geen/Ik spreek een beetje... *Ik sprayk khayn/Ik sprayk an bayt-ya*
I am English _____	Ik ben Engels (man)/Engelse (woman) *Ik ben Eng-els/Eng-elsa*
I am Scottish _____	Ik ben Schots *Ik ben Skhots*
I am Irish _____	Ik ben Iers (man)/Ierse (woman) *Ik ben Ee-er/Ee-ersa*
I am Welsh _____	Ik ben van Wales *Ik ben fan Vay-els*
Do you speak _____ English/French/German?	Spreekt u Engels/Frans/Duits? *Spraykt-oo Eng-els/Frans/Dowts?*
Is there anyone who _____ speaks...?	Is er iemand die ... spreekt? *Is air eemant dee ... spraykt?*
I beg your pardon? _____	Wat zegt u? *Vat zekht-oo?*
I (don't) understand _____	Ik begrijp het (niet) *Ik be-grayep het (neet)*
Do you understand me? ___	Begrijpt u mij? *Begrayept-oo may?*
Could you repeat that, _____ please?	Wilt u dat alstublieft herhalen? *Vilt-oo dat als-too-bleeft her-haal-en*
Could you talk more _____ slowly, please?	Kunt u wat langzamer praten? *Kunt-oo vat langsaamer prata-ten?*
What does that (word) _____ mean?	Wat betekent dat/dat woord? *Vat be-taykent dat/dat woart?*
Is that the same as.../Is ___ that similar to...?	Is dat hetzelfde als.../ Is dat ongeveer hetzelfde als... *Is dat het-zelfda als.../Is dat on-khe-veer het- zelf-da als...*
Could you write that _____ down for me, please?	Kunt u dat voor me opschrijven? *Kunt-oo dat for ma op-skhrayefa?*
Could you spell that _____ for me, please?	Kunt u dat voor me spellen? *Kunt-oo dat for ma spella?*
(See 1.8 Telephone alphabet)	
Could you point that _____ out in this phrase book, please?	Kunt u dat in deze taalgids aanwijzen? *Kunt-oo dat in day-ze taal-khids anwayezen?*
One moment, please, _____ I have to look it up	Een ogenblik, ik moet het even opzoeken *Ayn oakhenblik, ik moot het ayfa op-zooken*
I can't find the word/the ___ sentence	Ik kan het woord/de zin niet vinden *Ik kan het woard/de zin neet find-en*
How do you say_____ that in...?	Hoe zeg je dat in het ...? *Hoo zekh ya dat in het ...?*
How do you pronounce ___ that?	Hoe spreek je dat uit? *Hoo sprayk ya dat owt?*

3 Conversation

May I introduce myself?	Mag ik me even voorstellen?
	Makh ik ma ayfa foarstella?
My name's...	Ik heet ...
	Ik hayt ...
I'm...	Ik ben ...
	Ik ben ...
What's your name?	Hoe heet u?
	Hoo hayt-oo?
May I introduce...?	Mag ik u even voorstellen?
	Makh ik oo ayfa foarstella?
This is my wife/ daughter/mother/ girlfriend	Dit is mijn vrouw/dochter/moeder/vriendin
	Dit is mayen frow/dokhter/mooder/freendin
This is my husband/ son/father/boyfriend	Dit is mijn man/zoon/vader/vriend
	Dit is mayen man/zoan/fa-der/freend
How do you do	Hallo, leuk u te ontmoeten
	Hallo, l-eu-k oo te ont-mooten
Pleased to meet you	Aangenaam (kennis te maken)
	Aankhenaam (kennis te maaken)
Where are you from?	Waar komt u vandaan?
	Vaar komt-oo fan-dan?
I'm from England/Scotland/ Ireland/Wales	Ik kom uit Engeland/Schotland/Ierland/Wales
	Ik kom owt Enga-lant/Skhotlant/ Eerlant/Vayels
Which town do you live in?	In welke stad woont u?
	In vel-ka stat voant-oo?
In..., which is near...	In ... Dat is dicht bij ...
	In ... Dat is dikht baye ...
Have you been here long?	Bent u hier al lang?
	Bent-oo heer al lang?
A few days	Een paar dagen
	An paar daakhen
How long will you be staying here?	Hoe lang blijft u hier?
	Hoo lang blayeft oo heer?
We're (probably) leaving tomorrow/ in two weeks	We vertrekken (waarschijnlijk) morgen/over twee weken
	Wa fertrekken (vaarskhayenlik) morkha/oafer tway wayken
Where are you staying?	Waar logeert u?
	Vaar lowzyayrt oo?
In a hotel/an apartment	In een hotel/appartement
	In an hoatel/ap-part-a-ment
At a camp site	Op een camping
	Op an kemping
With friends/relatives	In huis bij vrienden/familie
	In howse baye freen-den/fameelee
Are you here on your own/with your family?	Bent u hier alleen/met uw gezin?
	Bent-oo heer al-ayn/met oow khezin?
I'm on my own	Ik ben alleen
	Ik ben al-ayn
I'm with my partner/wife/husband	Ik ben met mijn partner/vrouw/man
	Ik ben met mayen partner/frough/man

I'm with my family _____	Ik ben met mijn gezin
	Ik ben met mayen khezin
I'm with relatives _____	Ik ben met familie
	Ik ben met fameelee
I'm with a friend/friends ___	Ik ben met een vriend (male)/vriendin (female)/vrienden
	Ik ben met an freend/freend-in/freenden
Are you married? _____	Bent u getrouwd?
	Bent-oo khetrowd?
Do you have a steady boyfriend/girlfriend?	Heb je een vaste vriend(in)
	Hep ya an fas-ta freend/freend-in
That's none of your business	Dat gaat u niets aan
	Dat khaat-oo nix aan
I'm married _____	Ik ben getrouwd
	Ik ben khetrowd
I'm single _____	Ik ben vrijgezel
	Ik ben fraye-khezel
I'm separated _____	Ik ben gescheiden van tafel en bed
	Ik ben khe-skhayeden fan ta-fel en bet
I'm divorced (officially) ___	Ik ben gescheiden (officieel)
	Ik ben khe-skayeden (oafis-ee-ayl)
I'm a widow/widower _____	Ik ben weduwe/weduwnaar
	Ik ben way-dooa/way-doonaar
I live alone/with someone	Ik woon alleen/samen
	Ik voan al-ayn/samen
Do you have any children/grandchildren?	Heeft u kinderen/kleinkinderen?
	Hayft-oo kindera/klayen-kindera?
How old are you? _____	Hoe oud bent u?
	Hoo owd bent-oo?
How old is she/he? _____	Hoe oud is zij/hij?
	Hoo owd is zaye/haye?
I'm... years old _____	Ik ben ... jaar oud
	Ik ben ... yaar owd
She's/he's... years old _____	Zij/hij is ... jaar oud
	Zaye/haye is ... yaar owd
What do you do for a living?	Wat voor werk doet u?
	Vat for verk doot oo?
I work in an office _____	Ik werk op een kantoor
	Ik verk op an kantoor
I'm a student/ I'm at school	Ik studeer/Ik zit op school
	Ik stoodayr/Ik zit op skhoal
I'm unemployed _____	Ik ben werkloos
	Ik ben verkloas
I'm retired _____	Ik ben gepensioneerd
	Ik ben khepens-eeonayrt
I'm on a disability pension	Ik ben afgekeurd/Ik zit in the WAO
	Ik ben af-khe-keurt/Ik zit in the way-ah-oh
I'm a housewife _____	Ik ben huisvrouw
	Ik ben howsfrow
Do you like your job? _____	Vindt u uw werk leuk?
	Fint-oo oow verk l-eu-k?
Most of the time _____	Soms wel, soms niet
	Soms vel, soms neet
I usually do, but I prefer holidays	Meestal wel, maar vakantie is leuker
	Maystal vel, maar vakant-see is l-eu-ker

3.3 Starting/ending a conversation

Could I ask you _____ something?	Mag ik u wat vragen?
	Makh ik oo vat frakhen?
Excuse me _____	Neemt u me niet kwalijk
	Naymt-oo ma neet kwalik
Excuse me, could you _____ help me?	Pardon, kunt u me helpen?
	Par-don, koont oo ma helpa?
Yes, what's the problem? __	Ja, wat is er aan de hand?
	Ya, vat is er aan de hant?
What can I do for you? ____	Wat kan ik voor u doen?
	Vat kan ik for oo doo-en?
Sorry, I don't have time____ now	Sorry, ik heb nu geen tijd
	Soree, ik hep noo khayn tayt
Do you have a light? _____	Heeft u een vuurtje?
	Hayft-oo an foort-ya?
May I join you? _____	Mag ik bij u komen zitten?
	Makh ik baye oo koama zitten?
Could you take a _____ picture of me/us?	Wilt u een foto van mij/ons nemen? Dit knopje indrukken
Press this button	*Vilt-oo an foto fan maye/onse naymen? Dit ka-nop-ye in-druk-en*
Leave me alone _____	Laat me met rust
	Laat ma met ru-st
Get lost _____	Hoepel op
	Hoo-pel op
Go away or I'll scream_____	Als u niet weg gaat, ga ik gillen
	Als oo neet vekh khaat, kha ik khill-en

3.4 Congratulations and condolences

Happy birthday/many_____ happy returns	Gefeliciteerd met uw verjaardag
	Khe-fay-liss-it-tayrt met oo fer-yar-dakh
Please accept my_____ condolences	Gecondoleerd
	Khe-kon-doa-layrt
I'm very sorry for you _____	Ik vind het heel erg voor u
	Ik fint het hayl erkh for oo

3.5 A chat about the weather

See also 1.5 The weather

It's so hot/cold today!_____	Wat is het warm/koud vandaag!
	Vat is het var-em/kowt fandakh
Nice weather, isn't it?_____	Lekker weer, hè!
	Lekker wayr, heh!
What a wind/storm! _____	Wat een wind/storm!
	Vat an vint/stor-em!
All that rain/snow! _____	Wat een regen/sneeuw
	Vat an raykhen/snay-oo
All that fog!_____	Wat een mist!
	Vat an mist!
Has the weather been _____ like this for long here?	Is het hier al lang zulk weer?
	Is het heer al lang zul-ek wayr?
Is it always this hot/cold ___ here?	Is het hier altijd zo warm/koud?
	Is het heer al-tayet zo var-em/kowt?

| Is it always this dry/wet____ here? | Is het altijd zo droog/nat?
Is het al-tyet zo droakh/nat? |

.6 **H**obbies

Do you have any _____ hobbies?	Heeft u hobby's? *Hayft-oo hobbees?*
I like knitting _____ reading/photography	Ik houd van breien/lezen/fotograferen *Ik howd fon braye-en/lay-zen/fotograf-ayren*
I like music _____	Ik houd van muziek *Ik how fon moo-seek*
I like playing the _____ guitar/piano	Ik houd van gitaar/piano spelen *Ik how fon khee-tar/pe-an-oh spaylen*
I like going to the movies _	Ik ga graag naar de film *Ik kha khraakh naar de fil-em*
I like travelling/_____ sport/fishing/walking	Ik reis/sport/vis/wandel graag *Ik rayes/sport/fis/van-del khraakh*

.7 **B**eing the host(ess)

See also 4 Eating out

Can I offer you a drink?____	Mag ik u iets te drinken aanbieden? *Makh ik oo eets te drinken an-beeden?*
What would you like_____ to drink?	Wat wil je drinken? *Vat wil ya drinka?*
Would you like a _____ cigarette/cigar/to roll your own?	Wilt u een sigaret/sigaar/shagje draaien? *Vilt oo an sikhar-et, sikhaar/shekya draay-en?*
Something non-alcoholic _ please	Graag iets zonder alcohol *Khraakh eets zonder al-koh-hol*
I don't smoke _____	Ik rook niet *Ik roak neet*

.8 **I**nvitations

Are you doing anything____ tonight?	Heb je vanavond iets te doen? *Hep-ya fan-af-ont eets te doo-en?*
Do you have any plans _____ for today/this afternoon/tonight?	Heeft u plannen voor vandaag/vanmiddag/vanavond? *Hayft-oo planna for fandakh/fanmiddakh/fan-afont?*
Would you like to go _____ out with me?	Heeft u zin om met mij uit te gaan? *Hayft-oo zin om met maye owt te khaan?*
Would you like to go _____ dancing with me?	Heeft u zin om met mij te gaan dansen? *Hayft-oo zin om met maye te khaan dansa?*
Would you like to have ____ lunch/dinner with me?	Heeft u zin om met mij te lunchen/dineren? *Hayft-oo zin om met maye te lunch-a/dineeren?*
Would you like to come____ to the beach with me?	Heeft u zin om met mij naar het strand te gaan? *Hayft-oo zin om met maye naar het strant te khaan?*

Conversation

Would you like to come___ into town with us?	Heeft u zin om met ons naar de stad te gaan?
	Hayft-oo zin om met ons naar de stad te khaan?
Would you like to come___ and see some friends with us?	Heeft u zin om met ons naar vrienden te gaan?
	Hayft-oo zin om met ons naar freenden te khaan?
Shall we dance?_____	Zullen we dansen?
	Zulla wa dansa?
Let's go sit at the bar? ____	Ga je mee aan de bar zitten?
	Khaa-ya may aan de bar zitten?
Let's get something to ___ drink?	Zullen we iets gaan drinken?
	Zulla wa eets khaan drinka?
Let's go for a walk/drive? _	Zullen we een eindje gaan lopen/rijden
	Zullen we an ayend-ya khaan loapa/rayeda?
Yes, all right _____	Ja, dat is goed
	Ya, dat is khood
Good idea _____	Goed idee
	Khood ee-day
No (thank you) _____	Nee (bedankt)
	Nay (be-dankt)
Maybe later_____	Straks misschien
	Straks miss-kheen
I don't feel like it _____	Daar heb ik geen zin in
	Daar hep ik khayn zin in
I don't have time _____	Ik heb geen tijd
	Ik hep khayn tayet
I already have a date _____	Ik heb al een andere afspraak
	Ik hep al an andera afspraak
I'm not very good at_____ dancing/volleyball/ swimming	Ik kan niet dansen/volleyballen/zwemmen
	Ik kan neet dansa/volleybal-en/zwemma

3 .9 Paying a compliment

You look wonderful! _____	Wat ziet u er goed uit!
	Vat zeet oo air khood owt!
I like your car! _____	Mooie auto!
	Moay-ya owtoe!
I like your ski outfit! _____	Leuk skipak!
	L-eu-k skeepak!
You're a sweet boy/girl ____	Je bent een lieve jongen/meid
	Ya bent an leeva yonga/mayed
What a sweet child! _____	Wat een lief kindje!
	Vat an leef kint-ye!
You're a wonderful _____ dancer!	U danst heel goed
	Oo danst hayl khood
You're a wonderful _____ cook!	U kookt heel goed
	Oo koakt hayl khood
You're a terrific footballer! _	U voetbalt heel goed
	Oo footbalt hayl khood

I like being with you _____	Ik vind het fijn om bij je te zijn	
	Ik fint het fayen om baye-ya te zayen	
I've missed you so much __	Ik heb je zo gemist	
	Ik hep ya zo khe-mist	
I dreamt about you _____	Ik heb van je gedroomd	
	Ik hep fan ya khe-droamt	
I think about you all day ___	Ik moet de hele dag aan je denken	
	Ik moot de hayla dakh an ya denken	
You have such a sweet ____ smile	Je lacht zo lief	
	Ya lakht zo leef	
You have such beautiful ___ eyes	Je hebt zulke mooie ogen	
	Ye hept zulka moay-ya oakhen	
I'm in love with you _____	Ik ben verliefd op je	
	Ik ben ferleeft op ya	
I'm in love with you too __	Ik ook op jou	
	Ik oak op yow	
I don't feel as strongly _____ about you	Ik heb niet zulke sterke gevoelens voor jou	
	Ik hep neet zulka sterka khe-foolens for yow	
I already have a _____ boyfriend/girlfriend	Ik heb al een vriend/vriendin	
	Ik hep al an freent/freend-in	
I'm not ready for that_____	Ik ben nog niet zo ver	
	Ik ben nokh neet zo fer	
This is going too fast _____ for me	Het gaat me veel te snel	
	Het khaat ma fayl te snel	
Take your hands off me____	Blijf van me af	
	Blayef fan ma af	
Okay, no problem _____	Oké, geen probleem	
	Okay, khayn problaym	
Will you stay with me _____ tonight?	Blijf je vannacht bij me?	
	Blayef ya fan-nakht baye ma?	
I'd like to go to bed_____ with you	Ik wil graag met je naar bed	
	Ik vil khraakh met ya naar bet	
Only if we use a condom __	Alleen met een condoom	
	Allayn met an kon-doam	
We have to be careful _____ about AIDS	We moeten voorzichtig zijn vanwege aids	
	Wa mooten forzikhtikh zayen fan-vay-kha AIDS	
That's what they all say____	Dat zeggen ze allemaal	
	Dat zekhen ze allamaal	
We shouldn't take any _____ risks	Laten we geen risico nemen	
	Laten wa khayn ris-eek-oa nayma	
Do you have a condom? ___	Heb je een condoom?	
	Hep ya an kon-doam?	
No? In that case we _____ won't do it	Nee? Dan doen we het niet	
	Nay? Dan doo-en wa het neet	

.11 Arrangements

When will I see_____ you again?	Wanneer zie ik je weer?	
	Vaneer zee ik ya vayr?	
Are you free over the_____ weekend?	Heeft u in het weekend tijd?	
	Hayft-oo in het weekent tayet?	
What shall we arrange?____	Wat zullen we afspreken?	
	Vat zulla wa afsprayka?	

31

Where shall we meet? ____	Waar zullen we elkaar treffen?
	Vaar zullen wa elkaar treff-en?
Will you pick me/us up? ___	Komt u mij/ons halen?
	Komt-oo maye/onse haala?
Shall I pick you up? _____	Zal ik u ophalen?
	Zal ik oo ophala
I have to be home by... ____	Ik moet om ... uur thuis zijn
	Ik mut om ... oor towse zayen
I don't want to see _____	Ik wil u niet meer zien
you anymore	*Ik vil oo neet meer zeen*

3.12 Saying goodbye

Can I take you home? ____	Mag ik u naar huis brengen?
	Makh ik oo nar howse brenga?
Can I write/call you? _____	Mag ik u schrijven/opbellen?
	Makh ik oo skrayefa/opbella?
Will you write/call me? ___	Schrijft/belt u mij?
	Skrayeft/belt-oo maye?
Can I have your _____	Mag ik uw adress/telefoonnummer?
address/phone number?	*Makh ik oow address/taylayfoan nummer?*
Thanks for everything ____	Bedankt voor alles
	Be-dankt for alles
It was very nice _____	Het was erg leuk
	Het vas erkh l-eu-k
Say hello to... _____	Doe de groeten aan ...
	Do de khrooten an ...
All the best _____	Ik wens je het allerbeste
	Ik vens ya het allerbesta
Good luck _____	Veel succes verder
	Fayl suc-sess ferder
When will you be back? ___	Wanneer kom je weer?
	Vaneer kom-ya veer
I'll be waiting for you _____	Ik wacht op je
	Ik vaacht op ya
I'd like to see you again___	Ik zou je graag nog eens terugzien
	Ik zow ya khraakh nokh ayns terukh zeen
I hope we meet _____	Ik hoop dat we elkaar gauw weerzien
again soon	*Ik hoap dat wa elkaar khow veer-zeen*
This is our address _____	Dit is ons adres
	Dit is onse address
If you're ever in the _____	Als u ooit in Groot-Brittannie bent,
UK, you'd be more than	u bent van harte welkom
welcome	*Als oo oy-it in Khroat-Brit-an-nee-a bent, oo bent fon hart-a vel-kom*

Eating out

4 Eating out

● A Dutch breakfast often consists of selection of different breads and rolls with ham, cheese, and boiled egg (*gekookt ei*). Sweet spreads for the bread include jam (*jam*) and marmalade (*marmelade*), chocolate spread (*chocopasta*) and peanut butter (*pindakaas*). Tea is normally drunk very weak and without milk.

The centres of all towns have a selection of cafés/bars which will serve snacks and coffee as well as alcoholic drinks. Two common snacks are rolls (*broodjes*) with ham (*ham*) or cheese (*kaas*). A good value traditional Dutch snack is an *uitsmijter*: several slices of bread topped with copious slices of ham and topped with a fried egg (*gebakken ei*) or two. The excellent Dutch pilsner or lager beer (*bier* or *pils*) is usually served in a small glass with a large head of froth.

4.1 On arrival

I'd like to book a table for seven o'clock	Kan ik een tafel voor zeven uur reserveren?
	Kan ik an tafel for zayfen oor rayserv-ayren?
I'd like a table for two, please	Graag een tafel voor twee personen
	Khraakh an taa-fel for tway persoanen?
We've/we haven't booked	Wij hebben (niet) gereserveerd
	Waye hebba (neet) khe-rayserv-ayrd
Is the kitchen still open?	Is de keuken al open?
	Is de k-eu-ken al oapa?
What time does the kitchen open/close?	Hoe laat gaat de keuken open/dicht?
	Hoo laat khaat de k-eu-ken oapa/dikht?
Can we wait for a table?	Kunnen wij op een tafel wachten?
	Kunna waye op an taafel vakhten?
Do we have to wait long?	Moeten wij lang wachten?
	Mooten waye lang vakhten?

Heeft u gereserveerd?	Do you have a reservation?
Onder welke naam?	What name, please?
Deze kant op alstublieft	This way, please
Deze tafel is gereserveerd	This table is reserved
Over een kwartier hebben wij een tafel vrij	We'll have a table free in fifteen minutes.
Wilt u zolang (aan de bar) wachten?	Would you like to wait (at the bar)?

Is this seat taken?	Is deze plaats bezet?
	Is day-ze plaats be-zet?
Could we sit here/there?	Mogen wij hier/daar zitten?
	Moakha waye heer/daar zit-ten?
Can we sit by the window?	Mogen wij bij het raam?
	Moakha waye baye het raam?
Can we eat outside as well?	Kunnen we buiten ook eten?
	Kunna wa bowten oak ayten?
Do you have another chair for us?	Heeft u nog een stoel voor ons?
	Heeft-oo nokh an stool for ons?
Do you have a highchair?	Heeft u een kinderstoel?
	Heeft-oo an kinderstool?

34

Is there a socket for this bottle-warmer?	Is er voor deze flessen-warmer een stop-contact?
	Is air for day-ze flessen-varmer an stop-contakt?
Could you warm up this bottle/jar for me?	Kunt u dit flesje/potje voor mij opwarmen?
	Kunt-oo dit flesya/potya for maye op-varmen?
Not too hot, please	Niet te warm alstublieft
	Neet te var-em als-too-bleeft
Is there somewhere I can change the baby's nappy?	Is hier een ruimte waar ik de baby kan verzorgen?
	Is heer an rowmte vaar ik de baybee kan ferzorkha?
Where are the toilets?	Waar is het toilet?
	Vaar is het twa-let?

4 .2 Ordering

Waiter!	Ober!
	Oaber!
Miss!	Mevrouw!
	Ma-frow!
Sir!	Meneer!
	Men-eer!
We'd like something to eat/drink	Wij willen graag wat eten/drinken
	Waye willen khraakh vat ayta/drinka
Could I have a quick meal?	Kan ik snel iets eten?
	Kan ik snel eets ayta?
We don't have much time	Wij hebben weinig tijd
	Waye hebba wayenik tayet
We'd like to have a drink first	Wij willen eerst nog wat drinken
	Waye villen eerst nokh vat drinken
Could we see the menu/wine list, please?	Mogen wij de menukaart/wijnkaart?
	Moakha waye de me-noo-kaart/vayenkaart?
Do you have a dish of the day?	Heeft u een dagschotel?
	Hayft-oo an dakhskhoatel?
We haven't made a choice yet	Wij hebben nog niet gekozen
	Waye hebben nokh neet khe-koazen
What do you recommend?	Wat kunt u ons aanbevelen?
	Vat kunt oo ons aan-befaylen?
What are the specialities of the region/the house?	Wat zijn de specialiteiten van deze streek/het huis?
	Vat zayen de spesee-al-it-tayten fan day-ze strayk/het howse?
I like strawberries/olives	Ik houd van aardbeien/olijven
	Ik how fan ard-bay-yen/oalayefen
I don't like fish/meat/...	Ik houd niet van vis/vlees/...
	Ik how neet fan fis/flays/...
What's this?	Wat is dit?
	Vat is dit?
Does it have...in it?	Zitten er ... in?
	Zitten air ... in?
What does it taste like?	Waar lijkt het op?
	Vaar layekt het op?
Is this a hot or cold dish?	Is dit gerecht warm of koud?
	Is dit kherekht wa-rem of kowd?

Is this sweet? _____	Is dit gerecht zoet?
	Is dit kherekht zoot?
Is this spicy/highly _____ seasoned	Is dit gerecht pikant/gekruid?
	Is dit kherekht pee-kant/khe-krowt?
Do you have anything _____ else, please?	Heeft u misschien iets anders?
	Hayft-oo miss-kheen eets anders?
I'm on a salt-free diet _____	Ik mag geen zout (eten)
	Ik makh khayn zowt (ayten)
I can't eat pork _____	Ik mag geen varkensvlees
	Ik makh khayn farkens-flays
I can't eat sugar _____	Ik mag geen suiker
	Ik makh khayn sowker
I can't eat fatty foods _____	Ik mag geen vet
	Ik makh khayn fet
I can't eat (hot) spices _____	Ik mag geen (scherpe) kruiden
	Ik makh khayn (skhairpa) krowden
I'll have what those_____ people are having	Graag hetzelfde als die mensen
	Khraakh het-zelfda als dee mensa
I'd like... _____	Ik wil graag...
	Ik vil khraakh...
We're not having entrées __	Wij nemen geen voorgerecht
	Way naymen khayn vor-kherekht

Heeft u uw keuze gemaakt?_____	Are you ready to order?
Wilt u een aperitief gebruiken?_____	Would you like a drink first?
Wat wilt u drinken? _____	What would you like to drink?
Eet smakelijk _____	Enjoy your meal
Wilt u nog een nagerecht/koffie? _____	Would you like a dessert/coffee?

The child will eat from_____ our plates	Het kind zal wat van ons menu mee-eten
	Het kind zal wat fan ons ma-noo may-ayta
Could I have some _____ more bread, please?	Nog wat brood alstublieft?
	Nokh wat broat als-too-bleeft?
Could I have a bottle of _____ water/wine, please?	Nog een fles water/wijn?
	Nokh an fless vaater/vayen?
Could I have another _____ helping of...?	Nog een portie...?
	Nokh an por-see...?
Could I have some salt _____ and pepper, please?	Kunt u zout en peper brengen alstublieft?
	Kunt-oo zowt en payper brenga als-too-bleeft?
Could I have a napkin, _____ please?	Kunt u een servet brengen, alstublieft?
	Kunt-oo an servet brenga, als-too-bleeft?
Could I have a teaspoon, __ please?	Kunt u een lepeltje brengen alstublieft?
	Kunt-oo an laypeltya brenga als-too-bleeft?
Could I have an ashtray, ___ please?	Kunt u een asbak brengen alstublieft?
	Kunt-oo an asbak brenga als-too-bleeft?
Could I have some _____ matches, please?	Kunt u wat lucifers brengen alstublieft?
	Kunt-oo wat loosee-fers brenga als-too-bleeft?
Could I have some _____ toothpicks, please?	Kunt u wat tandenstokers brengen alstublieft?
	Kunt-oo wat tandenstoakers brenga als-too-bleeft?

Could I have glass of _____ water, please?	Kunt u een glas water brengen alstublieft?
	Kunt-oo an khlas vaater brenga als-too-bleeft
Could I have a straw _____ (for the child), please	Kunt u een rietje (voor het kind) brengen alstublieft?
	Kunt-oo an reet-ye (foar het kint) brenga als-too-bleeft?
Enjoy your meal!_____	Eet smakelijk!
	Ayt smack-a-lik!
You too! _____	Van hetzelfde!
	Fan het-zelf-da
Cheers!_____	Proost!
	Proast!
The next round's on me ___	Het volgende rondje is voor mij
	Het folkhenda rontya is for maye
Could we have a doggy_____ bag, please?	Mogen wij de resten meenemen voor onze hond?
	Moakha waye de resten may-nay-men for onza hont?

.3 The bill

See also 8.2 Settling the bill

How much is this dish? ____	Wat is de prijs van dit gerecht?
	Vat is de prayes fan dit kherekht?
Could I have the bill, _____ please?	De rekening alstublieft
	De ray-ken-ing als-too-bleeft
All together _____	Alles bij elkaar
	Alles baye elkaar
Everyone pays separately__	Ieder betaalt voor zich
	Eeder betaalt for zikh
Could we have the menu __ again, please?	Mogen wij de kaart nog even zien?
	Moakha waye de kaart nokh ayva zeen?
The...is not on the bill _____	De ... staat niet op de rekening
	De... staat neet op de raykening

.4 Complaints

It's taking a very_____ long time	Het duurt wel erg lang
	Het doo-ert wel erkh lang
We've been here an _____ hour already	Wij zitten hier al een uur
	Waye zitten heer al an oor
This must be a mistake ____	Dit moet een vergissing zijn
	Dit moot an ferkhissing zayen
This is not what I_____ ordered	Dit is niet wat ik besteld heb
	Dit is neet vat ik be-steld hep
I ordered..._____	Ik heb om ... gevraagd
	Ik hep om ... khefraakhd
There's a dish missing_____	Er onbreekt een gerecht
	Air onbraykt an kherekht
This is broken/not clean ___	Dit is kapot/niet schoon
	Dit is ka-pot/neet skhoan
The food's cold _____	Het eten is koud
	Het ayta is kowt
The food's not fresh _____	Het eten is niet vers
	Het ayta is neet fers

Eating out

The food's too salty/sweet/spicy	Het eten is te zout/zoet/gekruid
	Het ayta is te zowt/zoot/khekrowt
The meat's not done	Het vlees is niet gaar
	Het flayse is neet khaar
The meat's overdone	Het vlees is te gaar
	Het flays is te khaar
The meat's tough	Het vlees is taai
	Het flays is ty-ya
The meat's off	Het vlees is bedorven
	Het flays is be-dorfen
Could I have something else instead of this?	Kunt u mij hier iets anders voor geven?
	Kunt-oo maye heer eets anders for khayfen?
The bill's/this amount's not right	De rekening/dit bedrag klopt niet
	De raykening/dit be-drakh klopt neet
We didn't have this	Dit hebben wij niet gehad
	Dit hebba waye neet khe-hat
There's no paper in the toilet	Er is geen toiletpapier op het toilet
	Air is khayn twa-let-pap-eer op het twa-let
Do you have a complaints book?	Heeft u een klachtenboek?
	Hayft-oo an klakhtenbook?
Will you call the manager, please?	Wilt u alstublieft uw chef roepen?
	Vilt-oo als-too-bleeft oow shef roopen?

4 .5 Paying a compliment

That was a wonderful meal	Wij hebben heerlijk gegeten
	Waye heb-ben heerlik khekhayten
The food was excellent	Het heeft ons voortreffelijk gesmaakt
	Het hayft ons foar-tref-a-lik khesmaakt
The...in particular was delicious	Vooral de ... was heel bijzonder
	Foar-al de ... vas hayl be-zonder

4 .6 The menu

alcholische dranken **alcoholic drinks**	hoofdgerechten **main courses**	voorgerechten **entrées/starters/hors d'oeuvres**
aperitief **appetizer**	koude dranken **cold beverages**	warme dranken **hot beverages**
bediening niet inbegrepen **service not included**	koude gerechten **cold dishes**	warme gerechten **hot dishes**
frisdrank **soft drinks**	nagerechten **sweets/desserts**	wijnen **wines**
gebak **pastry**	soepen **soups**	
hoofdgerecht **entrée (American English)**	specialiteiten **specialties**	
	taart **pastry**	

38

aalbessen
red currants
aardappelen
potatoes
aardappelpuree
mashed potato
aardappelsalade
potato salad
aardbeien
strawberries
abrikozen
apricots
abrikozenvlaai
apricot flan
advocaat
advocaat, egg flip
amandelen
almonds
ananas
pineapple
andijvie
endive
ansjovissen
anchovies
appelbeignets
apple fritters
appelbol
apple dumpling
appelflap
apple turnover
appelsap
apple juice
appelstroop
apple syrup
appelstrudel
apple strudel
appeltaart (met
  slagroom)
apple cake (with
  whipped cream)
artisjok
artichoke
asperge
asparagus
augurken
gherkins
azijn
vinegar
bami goreng
Indonesian fried
  noodles
banaan
banana

banketletter
puff pastry roll with
  marzipan filling
basilicum
basil
beignets
fritters
belegen kaas
mature cheese
beschuit
rusk/dutch
  crispbread
bessen
berries
bessenjenever
blackcurrant liqueur
biefstuk
beef steak
biefstuk van de haas
fillet steak
bier
beer
bieslook
chives
bieten
beetroot
bitterballen
croquette meatballs
  (appetizer)
blinde vinken
(veal) beef olives
bloemkool
cauliflower
boerenjongens
brandy with raisins
boerenkaas
farmhouse cheese
boerenkoolstampot
  met rookworst
mashed potato, kale,
  and smoked
  sausage
boerenmeisjes
apricots with brandy
boerenmetworst
coarse sausage
boerenomelet
ham and potato
  omelette
bokking (gerookte)
smoked red herring
bokking (verse)
bloater

bonen
beans
bonensla
bean salad
borrelnootjes
peanuts with crispy
  coating
borst
breast
bosbessen
bilberries
boter
butter
boterham met kaas
cheese sandwich
boterham met...
... sandwich
boterhamworst
sliced sausage
boterletter
puffed pastry roll
  with marzipan
  filling
bouillon
consommé
bouillondrank
beef tea
bout
leg
brandewijn
brandy
brood
bread
broodje
bun or roll
broodje kaas
cheese roll
capsicum
pepper
  (green/red/yellow)
cassis
blackcurrant cordial
champignons
mushrooms
chips
crisps
chocolade pasta
chocolate spread
chocolade vla
chocolate custard
chocolade vlokken
chocolate flakes

chocomel
**bottled or tinned
  chocolate drink**
citroen
lemon
citroenlimonade
lemonade
citroenthee
lemon tea
compote
stewed fruit
croquetje/ kroket
croquette
dame blanche
**ice cream with
  chocolate sauce**
doperwten
peas
droog
dry
druiven
grapes
Edammer
Edam cheese
eend
duck
eieren
eggs
eierkoeken
flat sponge cakes
erwtensoep (met
  spek/worst)
**pea soup (with
  bacon/sausage)**
fazant
pheasant
filet
fillet
fles
bottle
forel
trout
frambozen
raspberries
frikandel
rissole
frites
chips
ganzenlever
goose liver
garnalen
prawns
gebak/gebakje
cake
gebakken paling
fried eel

gebonden
thickened
gebonden soep
thick soup
gebraden
roast
gedistilleerde
  dranken
spirits
gegarneerd
garnished
gegrild
grilled
gehakt
minced meat
gehaktbal
meat ball
gekookt
boiled
gemarineerd
marinated
gember
ginger
gemberkoek
**special breakfast
  gingerbread**
gemengde salade
mixed salad
gepaneerd
**breadcrumbed/
  breaded**
gepocheerd
poached
gerookt
smoked
gerookte paling
smoked eel
gerookte zalm
smoked salmon
gerookte, gezouten
  haring
**smoked, salted
  herring**
gestampte muisjes
**aniseed fragments
  eaten on bread**
gestoofd
stewed
gestoofd konijn
stewed rabbit
gevogelte
poultry
gevuld
stuffed
gewelde boter
**melted butter beaten
  with water**

goed doorbakken
  (biefstuk)
well done (steak)
Goudse kaas
Gouda cheese
groene haring
**lightly salted new
  season's herring**
groenten
vegetables
groentesoep
vegetable soup
gulasch
goulash
haas
hare
hachée
stew
hagelslag
**hundreds and
  thousands**
halfrauw (biefstuk)
rare (steak)
halfvolle melk
semi-skimmed milk
halfvolle yoghurt
**semi-skimmed
  yoghurt**
halvarine
**half butter/half
  margarine**
ham
ham
hamlappen
belly of pork
haring
herring
hart
heart
havermoutpap
**porridge made with
  milk**
heilbot
halibot
hersenen
brains
hertenvlees
venison
hete bliksem
**mashed apples and
  potatoes**
hom
soft roe
honing
honey
honingkoek
gingerbread

hoofdkaas (zult)
brawn
hutspot
hotpot of mashed
  potato, carrots,
  onions, and rib of
  beef
huzarensla
potato salad with
  beetroot, gherkins,
  etc
ijs
ice cream
in het zuur
pickled
jachtschotel
hotpot
janhagel
type of biscuit
jenever
Dutch gin
jonge kaas
new cheese
jonge klare
young Dutch gin
jus
gravy
jus d'orange
orange juice
kaas
cheese
kaassoesje
cheese puff
kabeljauw
cod
kadetje
soft roll
kalfslever
calf's liver
kalfsniertjes
calf's kidneys
kalfsschnitzel
veal schnitzel
kalfstong
calf's tongue
kalfsvlees
veal
kalkoen
turkey
kaneel
cinnamon
karbonade
chop
karnemelk
buttermilk
karper
carp

kastanjes
chestnuts
kastrol
casserole
kerrie
curry
kersen
cherries
kersenvlaai
cherry flan
kervelsoep
chervil soup
kikkerbilletjes
frog's legs
kip
chicken
kippenpoot
drumsticks/chicken
  legs
kippenvlees
chicken
knäckebröd
crispbread
knoflook
garlic
koekjes
biscuits, cookies
koffie (zwart/met
  melk)
coffee (black/with
  milk)
koffieroom
creamy milk for
  coffee
koffietafel
light lunch
kogelbiefstuk
thick end of rump
komijnekaas
cheese with cumin
  seeds
komkommer
cucumber
konijn
rabbit
koninginnesoep
cream of chicken
  soup
kool
cabbage
koolraap
swede
korenwijn
well-aged gin
korst
crust

kotelet
cutlet
kreeft
lobster
kreeftesoep
lobster soup
krenten
currants
krentenbrood
currant loaf
kroepoek
prawn crackers
kruiden
herbs/spices
kruidenboter
herb butter
kruisbessen
gooseberries
kruizemuntsaus
mint sauce
kuit
hard roe
kwark
soft white cheese
kwarktaart
cheesecake
kwast
lemon squash
lamsvlees
lamb
landwijn
vin ordinaire
laurierblad
bay leaf
lekkerbekjes
deep-fried whiting in
  batter
lever
liver
leverworst
liver sausage
lichtgebakken
  (biefstuk)
lightly cooked (steak)
Limburgse vlaai
Limburg flan
limoen
lime
limonade
lemonade
linzen
lentils
loempia
Indonesian spring
  roll
mager vlees
lean meat

magere kaas
**skimmed milk
cheese**
magere kwark
low-fat soft cheese
magere melk
skimmed milk
magere yoghurt
low-fat yoghurt
maïs
corn on the cob
makreel
mackerel
marsepein
marsipan
melk
milk
meloen
melon
mierikswortel
horseradish
moes
puréed fruit
moesappelen
cooking apples
mosselen
mussels
mosterd
mustard
mousserend
sparkling
nasi goreng
Indonesian fried rice
niertjes
kidneys
nieuwe haring
early-season herring
nootmuskaat
nutmeg
noten
nuts
oesters
oysters
oliebol
**doughnut without
the hole**
olijfolie
olive oil
omelet
omelette
ontbijtkoek
gingerbread
ontbijtspek
smoked lean bacon
ossenhaas
fillet of beef

ossenstaart (soep)
oxtail (soup)
oude kaas
mature cheese
oude klare
mature Dutch gin
paardenrookvlees
smoked horse meat
paling
eel
paneermeel
breadcrumbs
pannekoek/
pannekoek-je
pancake
paprijst
pudding rice
paprika
(groene/rode)
pepper (green/red)
pastei
vol-au-vent
patates frites
French fries
patrijs
partridge
peer
pear
peper
pepper
perzik
peach
peterselie
parsley
pikant
piquant/spicy
pils
lager
pindakaas
peanut butter
pinda's
peanuts
plantaardige olie
vegetable oil
pocheren
poach
poffertjes
**mini pancakes
dusted with icing
sugar and eaten
with butter**
pompelmoes
grapefruit
pompelmoessap
grapefruit juice
pompoen
pumpkin

prei
leek
pruim
plum
rabarber
rhubarb
radijsjes
radishes
ragout
stew
rauw
raw
rijst
rice
rijstevlaai
rice flan
rivierkreeft
fresh water crayfish
rode biet
beetroot
rode kool
red cabbage
roerei
scrambled egg
roggebrood
rye bread
rolmops
**rollmops/marinated
herring**
rood
red
rookworst
smoked sausage
room
cream
roomijs
**genuine cream ice-
cream**
rosbief
roast beef
rozijnen
raisins
runderlap
stewing steak
rundvlees
beef
Russisch ei
egg salad
salade met noten
nut salad
salie
sage
sambal
**hot Indonesian chilli
sauce**
sap
juice

saté
Indonesian kebab
saucijzenbroodje
sausage roll
saus
sauce
scharrelei
free-range egg
schartong
lemon sole
schelpdieren
shell fish
schelvis
haddock
schol
plaice
schuimgebak
meringue
selderij
celery
sinaasappel
orange
sinaasappelsap
orange juice
sinas
orangeade
sla
lettuce
slaatje
salad
slagroom
whipped cream
slakken
snails
slasaus
salad cream
smeerkaas
spreading cheese
snijbonen
string beans
snoek
pike
soep van de dag
soup of the day
sojasaus (ketjap)
soy sauce (ketchup)
spa water
mineral water
specerijen
spices
speculaas
spiced biscuit
spek
bacon
sperziebonen
French beans

spiegelei
fried egg
spijskaart
menu
spinazie
spinach
spruitjes
Brussels sprouts
steurgarnalen
prawns
stokbrood
French bread
stroop
syrup/treacle
stroopwafel
waffle biscuit with
  syrup filling
suiker
sugar
suikerklontjes
sugar lumps
tarwebrood
wheat bread
thee
tea
tijm
thyme
tomaat
tomato
tong (vis)
sole
tonijn
tuna
tosti
toasted sandwich
tuinbonen
broad beans
uien
onions
uitsmijter
ham and eggs
van de tap
draught
vanillevla
vanilla custard
varkensbiefstuk
pork fillet
varkensfricandeau
pork fricandeau
varkenshaas
pork fillet
varkensoester
pork escalope
varkenspoot
leg of pork

varkensrib
pickled smoked rib
  of pork
varkensrollade
rolled rib of pork
varkensvlees
pork
venkel
fennel
vermout
vermouth
verse haring
fresh herring
vet
fat
vis
fish
vlees
meat
vleet
skate
vlierbessen
elderberries
volkorenbrood
wholemeal bread
volle melk
full-cream milk
voorn
roach
vruchten
fruit
vruchtensap
fruit juice
vruchtensla
fruit salad
wafel
waffle
walnoot
walnut
warme
  chocolademelk
hot chocolate drink
waterkers
watercress
wijn
wine
wijting
whiting
wild
game
wildbraad
game
wit
white
witlof
chicory

witte wijn
white wine
wittebrood
white bread
witte kool
white cabbage
worstjes
sausages
wortel
carrot
worteltjes
carrots
zalm
salmon
zalmforel
salmon trout/sea
  trout

zeebanket
sea food
zeelt
tench
zeepaling
sea eel
zilveruitjes
silverskin onions
zoete broodjes
buns
zoet-zuur
sweet and sour
zout
salt

zuurkool met
  spek/worst
sauerkraut with
  bacon/sausage
zwarte bessen
blackcurrants
zwarte bessenjam
blackcurrant jam
zwarte kersenjam
black cherry jam
zwezerik
sweetbread

On the road

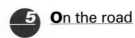

On the road

5 .1 **A**sking for directions

Excuse me, could I ask _____ you something?	Pardon, mag ik u iets vragen? *Pardon, makh ik oo eets frakhen?*
I've lost my way _____	Ik ben de weg kwijt *Ik ben de vekh kwayet*
Is there a..._____ around here?	Weet u een ... in de buurt? *Vayt oo a ... in de boo-ert*
Is this the way to...? _____	Is dit de weg naar...? *Is dit de vekh naar ...?*
Could you tell me _____ how to get to... by car/on foot?	Kunt u me zeggen hoe ik naar...moet rijden/lopen? *Kunt-oo me zekhen hoo ik naar...moot rayeden/loapen?*
What's the quickest _____ way to...?	Hoe kom ik het snelst in...? *Hoo kom ik het snel-ste in...?*
How many kilometres _____ is it to...?	Hoeveel kilometer is het nog naar...? *Hoofayl keelomayter is het nokh naar...?*
Could you point it _____ out on the map?	Kunt u het op de kaart aanwijzen? *Kunt oo het op de kaart aan-wayezen?*

Ik weet het niet, ik ben hier niet bekend _	I don't know, I don't know these parts
U zit verkeerd _____	You're going the wrong way
U moet terug naar... _____	You have to go back to...
Daar wijzen de borden u verder _____	From there on just follow the signs
Daar moet u het opnieuw vragen _____	When you get there, ask again

rechtdoor	de straat	het viaduct
straight on	**the street**	**the fly-over**
linksaf	het verkeerslicht	de brug
turn left	**the traffic light**	**the bridge**
rechtsaf	de tunnel	de
turn right	**the tunnel/underpass**	**spoorwegovergang**
afslaan	het verkeersbord	/de spoorbomen
turn	'voorrangskruising'	**the level**
volgen	**the 'give way' sign**	**crossing/the**
follow	het gebouw	**crossing barriers**
oversteken	**the building**	het bord richting...
cross	op de hoek	**the sign pointing**
de kruising	**at the corner**	**to...**
intersection	de rivier	de pijl
	the river	**the arrow**

● Documents: valid passport and visa if required. For car and motorbike: valid UK or Republic of Ireland driving licence and registration document, insurance document, accident reporting form, registration plate and country identification sticker on rear of car. A green card is no longer required but some insurers wish to be informed if you are going abroad. Caravans must also display the country identification sticker. A warning triangle, headlight convertors, and spare headlight bulbs must be carried.

Import and export restrictions
Within the European Union travellers are only subject to selective spot checks. There is no restriction, either by quantity or value, on goods purchased in another EU country provided they are for personal use. Visitors from other countries are advised to contact a travel agent, customs, or the Embassy before travelling.

Uw paspoort alstublieft _____	Your passport, please
De groene kaart alstublieft _____	Your green card, please
Het kentekenbewijs alstublieft _____	Your vehicle registration documents, please
Uw visum alstublieft _____	Your visa, please
Waar gaat u naartoe? _____	Where are you heading?
Hoe lang bent u van plan te blijven? ___	How long are you planning to stay?
Heeft u iets aan te geven? _____	Do you have anything to declare?
Wilt u deze openmaken? _____	Open this

My children are entered ___ in this passport	Mijn kinderen zijn bijgeschreven in dit paspoort
Mayen kindere zayen baye-khe-schrayfen in dit passport
I'm travelling through _____
I'm in transit	Ik ben op doorreis
Ik ben op door-rayes
I'm going on holiday to... ___	Ik ga op vakantie naar...
Ik kha op vak-ant-see naar...
I'm on a business trip _____	Ik ben op zakenreis
Ik ben op zaakenrayes
I don't know how long _____
I'll be staying yet	Ik weet nog niet hoe lang ik blijf
Ik wayt nokh neet hoo lang ik blayef
I'll be staying here for _____
a weekend	Ik blijf hier een weekend
Ik blayef heer ayn veek-ent
I'll be staying for a few _____
days	Ik blijf hier een paar dagen
Ik blayef heer an paar daakhen
I'll be staying here for a ___
week	Ik blijf hier een week
Ik blayef heer an wayk
I'll be staying here for _____
two weeks	Ik blijf hier twee weken
Ik blayef heer tway wayken
I've nothing to declare_____	Ik heb niets aan te geven
Ik hep nix aan te khaye-va

I've got ... with me	Ik heb... bij me
	Ik hep ... baye ma
I've got a carton of cigarettes with me	Ik heb een slof sigaretten bij me
	Ik hep an slof sikhar-etten baye ma
I've got a bottle of ... with me	Ik heb een fles...bij me
	Ik hep an fless...baye ma
I've got some souvenirs with me	Ik heb enkele souvenirs bij me
	Ik hep en-ke-le soo-fen-eers baye ma
These are personal items	Dit zijn persoonlijke spullen
	Dit zayen persoanlika spulla
Here's the receipt	Hier is de bon
	Heer is de bon
This is for private use	Dit is voor eigen gebruik
	Dit is for aye-khen khebrowk
How much import duty do I have to pay?	Hoeveel moet ik aan invoerrechten betalen?
	Hoo fayl moot ik an infoor-rekhten betaalen?
Can I go now?	Mag ik nu gaan?
	Makh ik noo khaan?

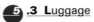

.3 Luggage

Porter!	Kruier!
	krow-yer
Could you take this luggage to...?	Wilt u deze bagage naar brengen...alstublieft?
	Vilt-oo dayze bakhazya naar...brengen alstoobleeft?
How much do I owe you?	Hoeveel krijgt u van mij?
	Hoofayl krayekht-oo fan maye?
Where can I find a luggage trolley?	Waar kan ik en bagagewagentje vinden?
	Vaar kan ik an bakh-azya-vakhent-ya finden?
Could you store this luggage for me?	Kan ik deze bagage in bewaring geven?
	Kan ik day-ze bakh-azya in be-waaring khaye-fen?
Where are the luggage lockers?	Waar zijn de bagagekluizen?
	Vaar zayen de bakh-azya klowzen?
I can't get the locker open	Ik krijg de kluis niet open
	Ik krayekh de klowse neet opa
How much is it per item per day?	Howveel kost het per stuk per dag?
	Hoofayl kost het per stuck per dakh?
This is not my bag/suitcase	Dit is niet mijn tas/koffer
	Dit is neet mayen tass/koffer
There's one item/bag/suitcase missing still	Er ontbreekt nog een stuk/tas/koffer
	Air ont-braykt nokh ayn stuck/tass/kof-fer
My suitcase is damaged	Mijn koffer is beschadigd
	Mayen koffer is be-skha-dikhd

.4 Traffic signs

afrit	doodlopende weg	eenrichtingsverkeer
exit	dead end (cul-de-	one-way traffic
alle richtingen	sac)	einde
all directions	doorgaand verkeer	snelheidsbeperking
andere richtingen	gestremd	end of speed limit
other directions	road closed	fabrieksuitgang
centrum	doorgaand verkeer	works exit
town centre	through traffic	

fietsers	cyclists
fietspad	cycle path
gevaar	danger
gevaarlijke bochten	dangerous bends
helling	incline
ijzel	black ice
inrijden verboden	no entry
kruising	junction
langzaam	slow
links houden	keep left
maximum snelheid	maximum speed
ondergrondse parkeergarage	underground car park
ontsteek uw lichten	switch on lights
oversteekplaats voetgangers	pedestrian crossing
overweg	level crossing
parkeerplaats	parking/lay-by (out of town)
parkeerzone (parkeerschijf verplicht)	zone parking (disc must be shown)
rechts houden	keep right
rijbaan voor bus	bus lane
slecht wegdek	irregular road surface
slipgevaar	slippery road
snelheid verminderen	reduce speed
snelweg	motorway
stapvoets	drive at walking pace
steenslag	loose chippings
tegenliggers	oncoming traffic
uitgang	exit/way out
uitrit	exit
uitrit vrijlaten	keep exit free
verboden in te halen	no overtaking
verboden linksaf te slaan	no left turn
verboden rechtsaf te slaan	no right turn
verminder snelheid	reduce speed
verplichte rijrichting	compulsory route
voetgangers	pedestrians
voorangsweg	major road
voorrang verlenen	give way
voorsorteren	get in lane
wachtverbod	no waiting
weg afgesloten	road closed
wegomlegging	diversion
wegversmalling	road narrows
werk in uitvoering	road works
zachte berm	soft verge
ziekenhuis	hospital

5 .5 The car

See the diagram on page 53.

● Particular traffic regulations:
Maximum speed for cars:
120 kph on motorways
80 kph on main roads
50 kph in built-up areas
At 'walking pace' in designated residential zones signed with a white house on a blue background.
Give way to the right except on designated priority roads and also at roundabouts (to traffic entering the roundabout!).

5 .6 The petrol station

● Lead free, diesel, and LPG (liquified petroleum gas) is widely available throughout the Netherlands and although leaded petrol is no longer available, fuel suitable for engines running on leaded petrol is sold as 'Super'. In Belgium, leaded fuel called 'Super' can be bought, however gas is less widely available. Petrol is sold by the litre.

How many kilometres to the next petrol station, please?	Hoeveel kilometer is het naar het volgende benzinestation? *Hoofayl keelomayter is het naar het folkhenda benzeena-sta-shon?*
... litres, please	Ik wil...liter *Ik vil...leeter*
... litres of 4 star, please	Ik wil...liter superbenzine *Ik vil...leeter superbenzeena*
... litres 2 star, please	Ik wil...liter normale benzine *Ik vil...leeter norm-ala benzeena*
... diesel, please	Ik wil...liter diesel *Ik vil...leeter deesel*
... unleaded, please	Ik wil...liter loodvrije benzine *Ik vil...leeter loadfraye benzeena*
... guilders/francs worth of LPG, please	Ik wil voor...gulden/frank LPG *Ik vil foar ...khulden/fronk el-pay-khay*
Fill her up, please	Vol alstublieft *Foll als-too-bleeft*
Could you check...?	Wilt u...controleren? *Vilt oo...control-ayren*
Could you check the oil level?	Wilt u het oliepeil controleren? *Vilt-oo het oaliepile control-ayren?*
Could you check the tyre pressures, please?	Wilt u de bandenspanning controleren? *Vilt-oo de banden-span-ing control-ayren?*
Could you change the oil, please?	Kunt u de olie verversen? *Kunt-oo de oalie ferversen?*
Could you clean the windows/the windscreen, please?	Kunt u de ruiten/voorruit schoonmaken? *Kunt-oo de rowten/for-rowt skhoanmaken?*
Could you give the car a wash, please?	Kunt u de auto een wasbeurt geven? *Kunt-oo de owtoe an wasbeurt khayfan?*

5 .7 Breakdowns and repairs

I'm having trouble with the car. Can you help me?	Ik heb pech. Kunt u me even helpen? *Ik hep pekh. Kunt-oo ma ayfa helpa?*
I've run out of petrol	Ik sta zonder benzine *Ik sta zonder benzeena*
I've locked the keys in the car	Ik heb de sleuteltjes in de auto laten staan *Ik hep de sleu-telt-yas in de owtoe laten staan*
The car/motorbike/ moped won't start	De auto/motorfiets/brommer start niet *De ow-toe/motorfeets/brommer start neet*
Could you contact the motoring organisation?	Kunt u voor mij de wegenwacht waarschuwen? *Kunt-oo for maye de vaykhenvakht vaarskhooen?*
Could you call a garage for me, please?	Kunt u voor mij een garage bellen? *Kunt-oo for maye an khara-zya bellen?*
Could you give me a lift to...?	Mag ik meerijden naar ...? *Makh ik mayrayeden naar?*
Could you give me a lift to a garage/the town?	Mag ik meerijden naar een garage/de stad? *Makh ik may-raye-den naar an khara-zya/de stat?*
Could you give me a lift to a phone box?	Mag ik meerijden naar een telefooncel? *Makh ik may-raye-den naar an tay-la-foan-sell?*

Could you give me a _____ lift to an emergency phone?	Mag ik meerijden naar een praatpaal? *Makh ik mayrayeden naar an praatpaal?*
Can we bring my _____ moped/bicycle?	Kan mijn bromfiets/fiets ook mee? *Kan mayen bromfeets/feets oak may?*
Could you tow me to _____ a garage?	Kunt u mij naar een garage slepen? *Kunt-oo maye naar an khara-zya slaypa?*
There's probably _____ something wrong with...(See 5.5 and 5.8).	Er is waarschijnlijk iets mis met... *Air is vaarskhayenlik eets mis met...*
Can you fix it? _____	Kunt u het repareren? *Kunt oo het repar-ayren?*
Could you fix my tyre? ____	Kunt u mijn band plakken? *Kunt-o mayen bant plakken?*
Could you change this ____ wheel?	Kunt u dit wiel verwisselen? *Kunt-oo dit weel fer-vis-elen?*
Can you fix it so it will ____ get me to...?	Kunt u het zo repareren, dat ik ermee naar...kan rijden? *Kunt-oo het zo repar-ayren, dat ik ermay naar...kan rayeden*
Which garage can _____ help me?	Welke garage kan me helpen? *Vel-ka khara-zya kan ma helpa?*
When will my car/bicycle __ be ready?	Wanneer is mijn auto/fiets klaar? *Van-eer is mayen owtoe/feets klaar?*
Can I wait for it here? _____	Kan ik er hier op wachten? *Kan ik air heer op vachten?*
How much will it cost? ____	Hoeveel gaat het kosten? *Hoofayl khaat het kosten?*
Could you itemize _____ the bill?	Kunt u de rekening specificeren? *Kunt-oo de ray-ken-ing spess-if-is-sayren?*
Can I have a receipt for ____ the insurance?	Mag ik een kwitantie voor de verzekering? *Makh ik an kwit-ant-zee for de fer-zaykering?*

Ik heb geen onderdelen voor uw _____ wagen/fiets	I don't have parts for your car/bicycle
Ik moet de onderdelen ergens _____ anders gaan halen	I have to get the parts from somewhere else
Ik moet de onderdelen bestellen _____	I have to order the parts
Dat duurt een halve dag _____	That'll take half a day
Dat duurt een paar dagen _____	That'll take a few days
Dat duurt een week _____	That'll take a week
Uw auto is total loss _____	Your car is a write-off
Daar valt niets meer aan te doen _____	It can't be repaired
De auto/motor/brommer/fiets _____ is om...uur klaar	The car/motorbike/moped/ bicycle will be ready at... o'clock

.8 The bicycle/moped

See the diagram on page 55.

● There is an excellent network of cycle paths for bicycles and mopeds which keep cyclists separated from other traffic. There are special traffic lights at junctions and crossings for cycles and mopeds. Special parking areas are set aside in towns and at railway stations for cycles.

The parts of a car
(the diagram shows the numbered parts)

	English	Dutch	Pronunciation
1	battery	accu	*acc-oo*
2	rear light	achterlicht	*achter-likht*
3	rear view mirror	achteruitkijkspiegel	*achter-owt-kayek-speekhel*
4	radio aerial	autoradio-antenne	*owtoe rad-ee-oh an-ten-na*
5	petrol tank	benzinetank	*benzeena-tank*
6	spark plugs	bougies	*boozjees*
	fuel filter/pump	brandstoffilter/pomp	*brantstof-filter*
7	wing miror	buitenspiegel	*bowtenspeekhel*
8	bumper	bumper	*bumper*
	carburettor	carburateur	*karboo-rateur*
	crankcase	carter	*karter*
	cylinder	cilinder	*seelinder*
	breaker points	contactpunten	*kontaktpunten*
	warning light	controlelampje	*kontrola-lamp-ya*
	dynamo	dynamo	*deen-aa-mow*
	accelerator	gaspedaal	*khas-ped-aal*
	handbrake	handrem	*hant-rem*
	valve	klep	*klep*
9	silencer	knalpot	*knal-pot*
10	boot	kofferbak	*kofferbak*
11	headlight	koplamp	*koplamp*
	crankshaft	krukas	*kruck-as*
12	air filter	luchtfilter	*lukhtfilter*
	rear fog lamp	mistachterlamp	*mist-akhterlamp*
13	engine block	motorblok	*motorblok*
	camshaft	nokkenas	*nokkenass*
	oilfilter/pump	oliefilter/pomp	*oaliefilter/pomp*
	dipstick	oliepeilstok	*oaliepaylstok*
	pedal	pedaal	*ped-aal*
14	door	portier	*porteer*
15	radiator	radiateur	*rad-ee-at-eur*
16	brake disc	remschijf	*remskhayef*
	spare wheel	reservewiel	*reserva-weel*
17	indicator	richtingaanwijzer	*rikhting-aanvayezer*
18	windscreen wiper	ruitenwisser	*rowtenvisser*
19	shock absorbers	schokbrekers	*skhokbraykers*
	sunroof	schuifdak	*skhowfdak*
	spoiler	spoiler	*spoiler*
	starter motor	startmoter	*startmoter*
20	steering column	stuurhuis	*stoorhowse*
21	exhaust pipe	uitlaatpijp	*owtlaatpayep*
22	seat belt	veiligheidsgordel	*faylikh-hayts-khordel*
	fan	ventilator	*fenty-layt-or*
23	distributor cables	verdelerskabels	*ferdaylerskab-els*
24	gear lever	versnellingshandle	*fersnellingshendel*
25	windscreen	voorruit	*foar-rowt*
	water pump	waterpomp	*vaaterpomp*
26	wheel	wiel	*weel*
27	hubcap	wieldop	*weel-dop*
	piston	zuiger	*zowkher*

The parts of a bicycle
(the diagram shows the numbered parts)

1	rear lamp	achterlicht	*akhter-likht*
2	rear wheel	achterwiel	*akhter-weel*
3	(luggage) carrier	bagagedrager	*bakha-zya-drakher*
4	fork head	balhoofd	*bal-hoaft*
5	bell	bel	*bell*
	inner tube	binnenband	*binnenbant*
	tyre	buitenband	*bowtenbant*
6	crank	crank	*crank*
7	derailleur	derailleur	*de-rayl-eur*
	wire	draadje	*draad-ya*
	dynamo	dynamo	*dee-nam-oh*
	bicycle trailer	fietskar	*feets-kar*
	frame	frame	*fraym*
8	coat guard	jasbeschermer	*yasbeskhairmer*
9	chain	ketting	*kett-ing*
	chain guard	kettingkast	*kett-ing kast*
	chain lock	kettingslot	*kett-ing slot*
	milometer	kilometerteller	*keelo-mayter teller*
	child's seat	kinderzitje	*kinder-zit-ya*
10	headlamp	koplamp	*koplamp*
	bulb	lampje	*lamp-ya*
11	pedal	pedaal	*ped-aal*
12	pump	pomp	*pomp*
13	reflector	reflector	*re-flector*
14	break block/pad	remblokje	*remblok-ya*
15	brake cable	remkabel	*rem-ka-bel*
16	ring lock	ringslot	*ringslot*
17	carrier straps	snelbinders	*snelbinders*
	speedometer	snelheidsmeter	*snelhayetsmayter*
18	spoke	spaak	*spaak*
19	mudguard	spatbord	*spatbord*
20	handlebars	stuur	*stoo-er*
21	chain wheel	tandwiel	*tantweel*
	toe clip	toeclip	*toeclip*
22	crank axle	trapas	*trap-as*
	drum brake	trommelrem	*trommel-rem*
23	rim	velg	*velkh*
24	valve	ventiel	*fenteel*
	valve tube	ventielslangetje	*fenteel-slang-etya*
	gear cable	versnellingskabel	*fersnellings-kaab-el*
26	front fork	voorvork	*foar-vork*
27	front wheel	voorwiel	*foar-weel*
28	saddle	zadel	*zaad-el*

I'd like to rent a... _____	Ik wil graag een...huren
	Ik vil khraakh an...hooren
Do I need a (special) _____ licence for that?	Heb ik daarvoor een (bepaald) rijbewijs nodig?
	Hep ik daarfoor an (bepaald) rayebewayes noadikh?
I'd like to rent the...for... __	Ik wil graag de...huren voor...
	Ik vil khraakh de...hooren for...
I'd like to rent the... _____ for one day	Ik wil graag de...huren voor een dag
	Ik vil khraakh de...hooren foar ayn dakh
I'd like to rent the... _____ for two days	Ik wil graag de...huren voor twee dagen
	Ik vil khraakh de...hooren foar tway daakhen
How much is that _____ per day?	Wat kost dat per dag?
	Vhat kost dat per dakh?
How much is the_____ deposit?	Hoeveel is de borgsom?
	Hoofayl is the borkhsom?
Could I have a receipt _____ for the deposit?	Mag ik een bewijs dat ik de borgsom betaald heb?
	Makh ik an be-wayes dat ik de borkhsom betaald hep?
How much is the_____ surcharge per kilometre?	Hoeveel toeslag komt er per kilometer bij?
	Hoovayl too-slakh komt-er per keelo-mayter baye?
Does that include _____ petrol?	Is de benzine erbij inbegrepen?
	Is de benzeena airbaye inbekhraypen?
Does that include _____ insurance?	Is de verzekering erbij inbegrepen?
	Is de ferzaykering airbaye inbekhraypen?
What time can I pick _____ the...up tomorrow?	Hoe laat kan ik de...morgen ophalen?
	Hoo laat kan ik de...morkha ophala?
When does the...have ____ to be back?	Wanneer moet ik de...terugbrengen?
	Vaneer moot ik de...terukh-brengen?
Where's the petrol tank? __	Waar zit de tank?
	Vaar zit de tank?

Where are you heading? _	Waar gaat u naartoe?
	Vhaar khaat-oo naar-to
Can I come along? _____	Mag ik met u meerijden?
	Makh ik met-oo may-rayeden?
Can my (boy)friend/_____ (girl)friend come too?	Mag mijn vriend/vriendin ook mee?
	Makh mayen freend/freendin oak may?
I'm trying to get to... _____	Ik moet naar...
	Ik moot naar...
Is that on the way to...? __	Ligt dat op de weg naar...?
	Likht dat op de vekh naar...?
Could you drop _____ me off...?	Kunt u me...afzetten?
	Kunt-oo ma ... af-zetten?
Could you drop _____ me off here?	Kunt u me hier afzetten?
	Kunt-oo ma heer af-zetten?
Could you drop _____ me off at the...?	Kunt u me bijde...afzetten?
	Kunt-oo ma baye de...af-zetten?
Could you drop _____ me off in the town centre?	Kunt u me in het centrum afzetten?
	Kunt-oo ma in het sentrum af-zetten?

Could you drop me off at __ the next roundabout?	Kunt u me bij de volgende rotonde afzetten?
	Kunt-oo ma baye de folkhenda rotunda af-zetten?
Could you stop here, _____ please?	Wilt u hier stoppen alstublieft?
	Vilt-oo heer stoppa als-too-bleeft?
I'd like to get out here _____	Ik wil er hier uit
	Ik vil air heer owt
Thanks for the lift _____	Dank u wel voor de lift
	Dank oo vel for de lift

Public transport

Public transport

6.1 In general

Announcements

De trein uit...van tien uur veertig heeft een vertraging van vijftien minuten	The 10:40 train from...has been delayed by 15 minutes
Op spoor vijf komt thans binnen de trein van tien uur veertig naar...	The train now arriving at platform 5 is the 10:40 train to ...
De trein van tien uur veertig naar... staat nog gereed op spoor vijf	The 10:40 train to...is still waiting at platform 5
Reizigers in de richting... dienen in...over te stappen	Passengers for ... should change at ...
We naderen thans station...	We're now approaching...

Where does this train go to?	Waar gaat deze trein naartoe? *Vaar khaat day-ze trayen naar-too?*
Does this boat go to...?	Gaat deze boot naar...? *Khaat day-ze boat naar...?*
Can I take this bus to...?	Kan ik deze bus nemen om naar...te gaan? *Kan ik day-ze bus naymen om naar...te khaan?*
Does this train stop at...?	Stopt deze trein in...? *Stopt day-ze trayen in...?*
Is this seat taken/free /reserved?	Is deze plaats bezet/vrij/gereserveerd? *Is day-ze plaats be-zet/vraye/khe-rayservayrt?*
I've booked...	Ik heb...gereserveerd *Ik hep...khe-rayservayrt*
Could you tell me where I have to get off for... ?	Wilt u me zeggen waar ik moet uitstappen voor...? *Vilt-oo ma zekh-kha vaar ik moot owtstappen for...?*
Could you let me know when we get to...?	Wilt u me waarschuwen als we bij...zijn? *Vilt-oo ma vaar-skhoo-en als wa baye...zayen?*
Could you stop at the next stop, please?	Wilt u bij de volgende halte stoppen alstublieft? *Vilt-oo baye de fol-khenda halta stoppa als-too-bleeft?*
Where are we now?	Waar zijn we hier? *Vaar zayen wa heer?*
Do I have to get off here?	Moet ik er hier uit? *Moot ik air heer owt?*
Have we passed...?	Zijn we...al voorbij? *Zayen wa...al forbaye?*
How long have I been asleep?	Hoe lang heb ik geslapen? *Hoo lang hep ik kheslapen?*
How long does... stop here?	Hoe lang blijft...hier staan? *Hoo lang blayeft...heer staan?*
Can I come back on the same ticket?	Kan ik op dit kaartje ook weer terug? *Kan ik op dit kart-ya oak vayr terukh?*

Can I change on this_____ ticket?	Kan ik met dit kaartje overstappen?
	Kan ik met dit kaart-ya oafer-stappa?
How long is this ticket _____ valid for?	Hoe lang is dit kaartje geldig?
	Hoo lang is dit kaart-ya kheldikh?

6 .2 Questions to passengers

Ticket types

Eerste klas of tweede klas? _____	First or second class?
Enkele reis of retour?_____	Single or return?
Roken of niet roken? _____	Smoking or non-smoking?
Aan het raam of aan het gangpad?_____	Window or aisle?
Voorin of achterin?_____	Front or back?
Zitplaats of couchette? _____	Seat or berth?
Boven, midden of onder?_____	Top, middle or bottom?
Toeristenklasse of business class?_____	Tourist class or business class?
Hut of stoel? _____	Cabin or seat?
Eenpersoons of tweepersoons? _____	Single or double?
Met hoeveel personen reist u? _____	How many are travelling?

Destination

Waar gaat u naartoe? _____	Where are you travelling?
Wanneer vertrekt u? _____	When are you leaving?
Uw...vertrekt om... _____	Your...leaves at...
U moet overstappen _____	You have to change
U moet uitstappen in... _____	You have to get off at...
U moet via...reizen _____	You must travel via...
De heenreis is op _____	The outward journey is on...
De terugreis is op... _____	The return journey is on...
U moet uiterlijk...aan boord zijn_____	You have to be on board by...

Inside the train, coach, ship

Uw plaatsbewijs alstublieft _____	Your ticket, please
Uw reservering alstublieft _____	Your reservation, please
Uw paspoort alstublieft _____	Your passport, please
U zit in de verkeerde... _____	You're on/in the wrong...
U zit op de verkeerde plaats _____	You're in the wrong seat
Deze plaats is gereserveerd_____	This seat is reserved
U moet toeslag betalen _____	You have to pay a surcharge
De...heeft een vertraging van...minuten__	The...has been delayed by...minutes

Public transport

.3 Tickets

Where can I...?	Waar kan ik...?
	Vaar kan ik...?
Where can I buy a ticket?	Waar kan ik een kaartje kopen?
	Vaar kan ik an kaart-ya koapen?
Where can I make a reservation?	Waar kan ik een plaats reserveren?
	Vaar kan ik an plaats rayservayren?
Where can I book a flight?	Waar kan ik een vlucht boeken?
	Vaar kan ik an flukht booken?
...to..., please?	Mag ik van...naar...?
	Makh ik fan...naar...
A single to..., please	Mag ik een enkele reis naar...?
	Makh ik an enk-el-le rayes naar...
A return to..., please	Mag ik een retour naar...?
	Makh ik an retour naar...?
first class	eerste klasse
	eer-sta klasse
second class	tweede klasse
	tway-de klasse
tourist class	toeristenklasse
	toeristenklasse
business class	business class
	business class
I'd like to book a seat/berth/cabin	Ik wil een zitplaats/couchette/hut reserveren
	Ik vil an zit-plaats/coo-shet/hu-t rayserv-ayren
I'd like to book a berth in the sleeping car	Ik wil een plaats in de slaapwagen reserveren
	Ik vil an plaats in de slaapvaakhen rayserv-ayren
top/middle/bottom	boven/midden/onder
	boafen/midden/ond-er
smoking/no smoking	roken/niet roken
	roaken/neet roaken
by the window	aan het raam
	aan het raam
single/double	eenpersoons/tweepersoons
	aynper-soans/twayper-soans
at the front/back	voorin/acherin
	foar-in/achterin
There are...of us	We zijn met...personen
	Wa zayen met...persoanen
one car	een auto
	ayn owtoe
one caravan	een caravan
	ayn ker-a-fan
...bicycles	...fietsen
	...feetsa
Do you have a...?	Heeft u ook een...?
	Hayft-oo oak an...?
Do you have season tickets?	Heeft u ook een meerrittenkaart?
	Hayft-oo oak an meer-ritten-kaart?
Do you have weekly tickets?	Heeft u ook een weekabonnement?
	Hayft-oo oak an wayk-abon-ament?

6

Public transport

| Do you have monthly season tickets? | Heeft u ook een maandabonnement? |
| | *Hayft-oo oak an maand-anbon-ament?* |

6.4 Information

Where's...?	Waar is...?
	Vaar is...?
Where's the information desk?	Waar is het inlichtingenbureau?
	Vaar is het inlikhtingenboo-row?
Where can I find a departures/arrivals timetable?	Waar is een overzicht van de vertrektijden/aankomsttijden
	Vaar is an oaferzikht fan de fertrektayeden/aankomst-tayeden?
Where's the...desk?	Waar is de balie van...?
	Vaar is de bal-ee fan?
Do you have a city map with the bus/tram/ underground routes on it?	Heeft u een plattegrond van de stad met het bus-/tram-/metro-net?
	Hayft-oo an platta-khront fan de stat met het bu-s-/trem-/may-troh-net?
Do you have a timetable?	Heeft u een dienstregeling?
	Hayft-oo an dienst-ray-khaling?
I'd like to confirm/ cancel/change my booking for/trip to...	Ik wil mijn reservering/reis naar...bevestigen/annuleren/wijzigen
	Ik vil mayn rayserv-ayring/rayes naar... befestikhen/annooleeren/wayezikhen?
Will I get my money back?	Krijg ik mijn geld terug?
	Krayekh ik mayen khelt terukh?
I want to go to... What's the quickest way there?	Ik moet naar...Hoe reis ik daar (het snelst) naar toe?
	Ik moot naar...Hoo rayes ik daar (het snelst) naar-too?
How much is a single/return to...?	Hoeveel kost een enkele reis/retour naar...?
	Hoofayl kost an en-kel-le rayes/retoor naar...?
Do I have to pay a surcharge?	Moet ik toeslag betalen?
	Moot ik too-slakh be-taalen?
Can I interrupt my journey with this ticket?	Mag ik de reis met dit ticket onderbreken?
	Makh ik de rayes met dit ticket onderbrayken?
How much luggage am I allowed?	Hoeveel bagage mag ik meenemen?
	Hoofayl bakha-zya makh ik may-naymen?
Does this...travel direct?	Gaat deze...rechtstreeks?
	Khaat dayze...rekhtstrayks?
Do I have to change? Where?	Moet ik overstappen? Waar?
	Moot ik oaferstappa? Vaar?
Will there be any stopovers? (by air)	Maakt het vliegtuig tussenlandingen?
	Maakt het fleekhtowkh tussen-landingen?
Does the boat call in at any ports on the way?	Doet de boot onderweg havens aan?
	Doot de boat on-der-vhekh haafens an?
Does the train/ bus stop at...?	Stopt de trein/bus in...?
	Stopt de trayen/bus in...?
Where should I get off?	Waar moet ik uitstappen?
	Vaar moot ik owtstappa?
Is there a connection to...?	Is er een aansluiting naar...?
	Is air an ansl-owa-ting naar?
How long do I have to wait?	Hoe lang moet ik wachten?
	Hoo lang moot ik wakhten?

When does...leave? _____	Wanneer vertrekt...? *Vaneer fertrekt...?*
What time does the _____ first/next/last bus/tram/train leave?	Hoe laat gaat de eerste/volgende/ laatste bus/tram/trein? *Hoo laat khaat de eersta/folkhenda/ laat-ste bu-s/trem/trayen?*
What time does the _____ first/next/last flight leave?	Hoe laat gaat de eerste/volgende/ laatste vlucht? *Hoo laat khaat de eerst/folkhenda/ laat-ste flukht?*
How long does...take? _____	Hoe lang doet...erover? *Hoo lang doot...air-oafer?*
What time does...arrive _____ in...?	Hoe laat komt...aan in...? *Hoo laat komt...aan in...?*
Where does the _____ bus/tram/train to... leave from?	Waar vertrekt de bus/tram/trein naar...? *Vaar fertrekt de bu-s/trem/trayen naar...?*
Where does the _____ flight to...leave from?	Waar vertrekt de vlucht naar...? *Vaar fertrekt de flukht naar...?*

🔵.5 Aeroplanes

● **Airports in** The Netherlands and Belgium have signs to separate *aankomst* (arrivals) and *vertrek* (departure) areas and entrances.

aankomst arrivals vertrek departures	internationaal international binnenlandse vluchten domestic flights

🔵.6 Trains

● **The Dutch** rail network provides an efficient means of getting around between centres in the country with frequent trains to many destinations. There are fast Inter-City trains to the more important towns and cities and also international trains that connect with the entire European rail network. Amsterdam airport (Schiphol) is served by rail with connections throughout the country.

🔵.7 Taxis

● **Taxis serve the airports and stations** and can also be found on stands in town centres. Taxis cannot be hailed on the street but if you wish to book one by telephone they can be found under Taxi in the *Gouden Gids* (Yellow Pages).

bezet taken	taxistandplaats taxi stand	vrij for hire

Could you get me a taxi, _____ please?	Kunt u een taxi voor me bellen? *Kunt-oo an taksee for ma bella?*

Where can I find a taxi around here?	Waar kan ik hier in de buurt een taxi nemen? *Vaar kan ik heer in de boort an taksee naymen?*
Could you take me to..., please?	Brengt u me naar...alstublieft *Brengt-oo ma naar...als-too-bleeft*
Could you take me to this address, please?	Brengt u me naar dit adres alstublieft *Brengt-oo ma naar dit address als-too-bleeft*
The...hotel, please	Brengt u me naar hotel... *Brengt-oo ma naar hoatel...*
The town/city centre please	Brengt u me naar het centrum *Brengt-oo ma naar het sentrum*
The station, please	Brengt u me naar het station *Brengt-oo ma naar het sta-syon*
The airport, please	Brengt u me naar het vliegveld *Brengt-oo ma naar het fleekhfelt*
How much is the trip to...?	Hoeveel kost een rit naar...? *Hoofayl kost an rit naar...?*
How far is it to...?	Hoever is het naar...? *Hoo-fer is het naar...?*
Could you turn on the meter, please?	Wilt u de meter aanzetten alstublieft? *Vilt-oo de mayter anzetten als-too-bleeft?*
I'm in a hurry	Ik heb haast *Ik hep haast*
Could you speed up/slow down a little?	Kunt u iets harder/langzamer rijden? *Kunt-oo eets harder/langzaamer rayeden?*
Could you take a different route?	Kunt u een andere weg nemen? *Kunt-oo an and-er-a vekh naymen?*
I'd like to get out here, please	Laat u me er hier maar uit *Laat-oo ma air heer maar owt*
You have to go...here	U moet hier... *Oo moot heer...*
You have to go straight on here	U moet hier rechtdoor *Oo moot heer rekhtdoor*
You have to go left here	U moet hier linksaf *Oo moot heer links-af*
You have go turn right here	U moet hier rechtsaf *Oo moot heer rekhts-af*
This is it	Hier is het *Heer is het*
Could you wait a few minutes for me?	Kunt u een ogenblikje op mij wachten? *Kunt-oo an oakhenblik-ya op maye vakhta?*

Overnight accommodation

7 <u>Overnight accommodation</u>

7.1 In General

● There is a variety of overnight accommodation in The Netherlands ranging from small *pensions* or bed & breakfast establishments and small family run hotels to the large international chains. Budget priced B&B can be booked via the local VVV Tourist Information Bureau. Most establishments, except the more expensive hotels, include breakfast with the room charge. Camping is only permitted in The Netherlands in a recognised camp site. An International Camping Carnet is not mandatory but helpful. Camp sites are usually seasonally operated.

Hoe lang wilt u blijven? _____	How long will you be staying?
Wilt u dit formulier invullen, alstublieft __	Fill in this form, please
Mag ik uw paspoort?_____	Could I see your passport?
U moet een borgsom betalen_____	I'll need a deposit
U moet vooruit betalen_____	You'll have to pay in advance

My name's...I've made _____ a reservation over the phone/by mail	Mijn naam is...Ik heb telefonisch/schriftelijk een plaats gereserveerd *Mayen naam is...Ik hep taylafoanisch/skhriftelik an plaats khe-reserv-ayrt*
How much is it per _____ night/week/month?	Wat kost het per nacht/week/maand? *Vat kost her per nakht/wayk/maand?*
We'll be staying at _____ least...nights/weeks	We blijven minstens...nachten/weken *Wa blayefen mins-tens...nakhten/ wayken*
We don't know yet _____	We weten het nog niet precies *We wayten het nokh neet pre-sees*
Do you allow pets _____ (dogs/cats)?	Zijn huisdieren (honden/katten) toegestaan? *Zayen howsedeeren (honden/katten) too-khe-staan?*
What time does the _____ gate/door open/close?	Hoe laat gaat de poort/deur open/dicht? *Hoo laat khaat de poort/door opa/dicht?*
Could you get me _____ a taxi, please?	Wilt u een taxi voor me bellen? *Vilt-oo an taksee for ma bellen?*
Is there any mail _____ for me?	Is er post voor mij? *Is air posst for maye?*

Overnight accommodation

See the diagram on page 69.

U mag zelf uw plaats uitzoeken _____	You can pick your own site
U krijgt een plaats toegewezen _____	You'll be allocated a site
Dit is uw plaatsnummer _____	This is your site number
Wilt u dit op uw auto plakken? _____	Stick this on your car, please
U mag dit kaartje niet verliezen _____	Please don't lose this card

Where's the manager? _____	Waar is de beheerder?
	Vaar is de be-hayrder?
Are we allowed to _____ camp here?	Mogen we hier kamperen?
	Moakha wa heer kamp-ayra?
There are...of us and _____ ...tents	We zijn met...personen en... tenten
	Wa zayen met...persoanen en...tent-en
Can we pick our _____ own site?	Mogen we zelf een plaats uitzoeken?
	Moakha wa zelf an plaats owt-zooken?
Do you have a quiet _____ spot for us?	Heeft u een rustig plekje voor ons?
	Hayft-oo an rus-tikh plek-ya for ons?
Do you have any other _____ sites available?	Heeft u geen andere plaats vrij?
	Hayft-oo khayn an-de-ra plaats fraye?
It's too windy/sunny/ _____ shady here.	Er is hier te veel wind/zon/schaduw
	Air is heer te fayl vint/zon/skhadoow
It's too crowded here _____	Het is hier te druk
	Het is heer te druk
The ground's too _____ hard/uneven	De grond is te hard/ongelijk
	De khront is te hart/on-khe-layek
Do you have a level _____ spot for the motor caravan/caravan/folding caravan?	Heeft u een horizontale plek voor de camper/caravan/vouwwagen?
	Hayft-oo an horizontal-a plek for de kemper/ker-a-fan/fow-vaakhen?
Could we have _____ adjoining sites?	Kunnen we bij elkaar staan?
	Kunnen wa baye el-kaar staan?
Can we park the car _____ next to the tent?	Mag de auto bij de tent geparkeerd worden?
	Makh de owtoe baye de tent khe-park-eert vorden?
How much is it per _____ person/tent/caravan/car?	Wat kost het per persoon/tent/ caravan/auto?
	Vaat kost het per persoan/tent/ ker-a-fan/owtoe?
Do you have bungalows _____ for hire?	Heeft u een hut te huur?
	Hayft-oo an hu-t te huur?
Are there any...? _____	Zijn er...?
	Zayen-air...?
Are there any _____ hot showers?	Zijn er douches met warm water?
	Zayen-air dooshes met var-em vaater?
Are there any _____ washing machines?	Zijn er wasmachines?
	Zayen air was-masheenes?
Is there a...on the site? _____	Is er op het terrein een...?
	Is air op het ter-rain an...?

Camping equipment
(the diagram shows the numbered parts)

luggage space	bagagepunt	*bakhazya punt*
can opener	blikopener	*blik-oapener*
butane gas bottle	butagasfles	*boota-khas-fless*
1 pannier	fietstas	*feets-tas*
2 gas cooker	gasstel	*khas-stel*
3 groundsheet	grondzeil	*khront-zayel*
mallet	hamer	*haamer*
hammock	hangmat	*hang-mat*
4 jerry can	jerrycan	*yerri-can*
camp fire	kampvuur	*kamp-foor*
5 folding chair	klapstoel	*klap-stool*
6 cool box	koelbox	*kool box*
ice pack	koelelement	*kool-ay-la-ment*
compass	kompas	*kom-pas*
mantle	kousje	*kows-ya*
corkscrew	kurkentrekker	*kurken-trekker*
7 airbed	luchtbed	*lukhtbed*
8 airbed bung	luchtbedstopje	*lukhtbed stop-ya*
pump	luchtpomp	*lukhtpomp*
9 awning	luifel	*l-owa-fel*
10 bedroll mat	matje	*mat-ya*
11 pan	pan	*pan*
12 pan handle	pannengreep	*pan-nen-khrayp*
primus stove	primus	*pree-mus*
zip	rits	*ritz*
13 rucksack	rugzak	*rukhzak*
14 guy rope	scheerlijn	*skhee-er-layen*
sleeping bag	slaapzak	*slaapzak*
15 storm lantern	stormlamp	*storm-lamp*
camp bed	stretcher	*stretcher*
table	tafel	*ta-fel*
16 tent	tent	*tent*
17 tent peg	tentharing	*tent-haa-ring*
18 tent pole	tentstok	*tent-stock*
vacuum flask	thermosfles	*tair-mos-fless*
19 water bottle	veldfles	*felt-fless*
clothes peg	wasknijper	*was-ka-nayeper*
clothes line	waslijn	*was-layen*
windbreak	windscherm	*vint-skhairm*
20 torch	zaklantaarn	*zak-lan-taarn*
pocket knife	zakmes	*zak-mess*

7

Overnight accommodation

Is there a children's play area on the site?	Is er op het terrein een kinderspeeltuin?
	Is air op het ter-rain an kinder-spayl-too-en?
Are there covered cooking facilities on the site?	Is er op het terrein overdekte kookgelegenheid?
	Is air op het ter-rain oaferdekta koak-khelaykhen-hayet?
Can I rent a safe here?	Kan ik een kluis huren?
	Kan ik an klowse hoo-ren?
Are we allowed to barbecue here?	Mogen we hier barbecueën?
	Moakha wa heer barbekyew-en?
Are there any power points?	Zijn er elektriciteitsaansluitingen?
	Zayen air elek-triss-it-tayets-anslowt-ingen?
Is there drinking water?	Is er drinkwater?
	Is air drinkvaater?
When's the rubbish collected?	Wanneer wordt het afval opgehaald?
	Vaneer wort het af-fal op-khe-haalt?
Do you sell gas bottles (butane gas/propane gas)?	Verkoopt u gasflessen (butagas/propaangas)?
	Fairkoapt-oo khasflessen (boota-khas/propaan-khas)?

7 .3 Hotel/B&B/apartment/holiday house

Do you have a single/double room available?	Heeft u een eenpersoons/tweepersoons-kamer vrij?
	Hayft-oo an ayn-persoans/tway-persoans kamer fraye?
per person/per room	per persoon/per kamer
	per persoan/per kaamer
Does that include breakfast/lunch/dinner?	Is dat inklusief ontbijt/lunch/diner?
	Is dat in-kloos-eef ont-bayet/lunch/deen-ay?
Could we have two adjoining rooms?	Kunnen wij twee kamers naast elkaar hebben?
	Kun-en waye tway kaamers naast el-kaar hebben?
with/without private facilities (toilet/bath/shower)	met/zonder eigen toilet/bad/douche
	met/zonder aye-khen twa-let/bad/doosh
(not) facing the street	(niet) aan de straatkant
	(neet) aan de straatkant
with/without a view of the sea	met/zonder uitzicht op zee
	met/zond-er owt-zikht op zay
Is there...in the hotel?	Is er in het hotel...?
	Is er in het hoatel...?
Is there a lift in the hotel?	Is er in het hotel een lift?
	Is er in het hoatel an lift?
Do you have room service?	Is er in het hotel roomservice?
	Is er in het hoatel room service?
Could I see the room?	Mag ik de kamer zien?
	Makh ik de kamer zien?
I'll take this room	Ik neem deze kamer
	Ik naym day-ze kamer
We don't like this one	Deze bevalt ons niet
	Day-ze be-falt ons neet
Do you have a larger/less expensive room?	Heeft u een grotere/goedkopere kamer?
	Hayft oo an khroater-a/khood-koapera kamer?

70

Could you put in a cot? ____	Kunt u een kinderbedje bijplaatsen?
	Kunt-oo an kinder-bet-ya baye-plaatsen?
What time's breakfast? ____	Hoe laat is het ontbijt?
	Hoo laat is het ont-bayet?
Where's the dining _____ room?	Waar is de eetzaal?
	Vaar is de ayt-zaal?
Can I have breakfast_____ in my room?	Kan ik het ontbijt op de kamer krijgen?
	Kan ik het ont-bayet op de kamer kraye-kha?
Where's the emergency____ exit/fire escape?	Waar is de nooduitgang/brandtrap?
	Vaar is de nood-owt-khang/brant-trap?
Where can I park my _____ car (safely)?	Waar kan ik mijn auto (veilig) parkeren?
	Vaar kan ik mayen owtoe (faylikh) par-kayren?
The key to room..., _____ please	De sleutel van kamer ...alstublieft
	De sl-eu-tel fan kamer...als-too-bleeft
Could you put this in _____ the safe, please?	Mag ik dit in uw kluis leggen?
	Makh ik dit in oow klowse lekh-kha?
Could you wake me _____ at...tomorrow?	Wilt u mij morgen om...uur wekken?
	Vilt-oo maye morkha om...oor wekken?
Could you find a _____ babysitter for me?	Kunt u mij aan een baby-oppas helpen?
	Kunt-oo maye aan an baby-op-pas helpa?
Could I have an extra_____ blanket?	Mag ik een extra deken?
	Makh ik an extra dayken?
What days do the _____ cleaners come in?	Op welke dagen wordt er schoongemaakt?
	Op wel-ka dakhen wort-er skhoan-khemaakt?
When do the sheets/_____ towels/tea towels get changed?	Wanneer worden de lakens/handdoeken/theedoeken verschoond?
	Van-eer worden de la-kens/hant-dooken/tay-dook-en fer-skhoant?

 .4 Complaints

We can't sleep for the ____ noise	Wij kunnen niet slapen door het lawaai
	Way kun-nen neet slap-en doar het la-waaye
Could you turn the _____ radio down, please?	Kan de radio iets zachter?
	Kan de rad-ee-oh eets zakht-er?
We're out of toilet paper ___	Het toiletpapier is op
	Het twa-let pap-eer is op
There aren't any.../ _____ there's not enough...	Er zijn geen.../niet genoeg...
	Air zayen khayn.../neet khenookh...
The bed linen's dirty_____	Het beddengoed is vuil
	Het bedden-khood is fowl
The room hasn't been _____ cleaned	De kamer is niet schoongemaakt
	De kamer is neet skhoan-khemaakt

7 Overnight accommodation

English	Dutch
The kitchen is not clean____	De keuken is niet schoon
	De keu-ka is neet skhoan
The kitchen utensils are____ dirty	De keukenspullen zijn vies
	De keu-ken-spul-len zayen feese
The heating doesn't _____ work	De verwarming doet het niet
	De fer-varm-ing doot het neet
There's no (hot) _____ water/electricity	Er is geen (warm) water/elektriciteit
	Air is khayn (var-em) vaat-er/ay-lek-triss-it-tayet
...is broken_____	...is kapot
	...is kapot
Could you have that _____ seen to?	Kunt u dat in orde laten brengen?
	Kunt-oo dat in orda laten breng-en?
Could I have another _____ room/site?	Mag ik een andere kamer/plaats voor de tent?
	Makh ik an ande-ra kamer/plaats for de tent?
The bed creaks terribly ____	Het bed kraakt ontzettend
	Het bet kraakt ont-set-end
The bed sags _____	Het bed zakt te veel door
	Het bet zakt te fayl doar
Do you have a board _____ to put under the mattress?	Heeft u een plank voor onder de matras?
	Hayft-oo an plank foar ond-er de mat-ras?
It's too noisy _____	Er is te veel lawaai
	Air is te fayl la-waaye
There are bugs/insects____ in our room	We hebben last van ongedierte/insecten
	Wa heb-ba last fan on-khe-deer-te/insect-en
This place is full_____ of gnats	Het stikt hier van de muggen
	Het stikt heer fan de mukh-khen
This place is full_____ of cockroaches	Het stikt hier van de kakkerlakken
	Het stikt hier fan de kak-ker-lak-a
This place is full of the_____ British/Germans/French	Het stikt hier van de Britten/Duitsers/Fransen
	Het stikt heer fan Brit-ta/Dowts-ers/Fran-sa

7 .5 Departure

See also 8.2 Settling the bill

English	Dutch
I'm leaving tomorrow. _____ Could I settle my bill, please?	Ik vertrek morgen. Kan ik nu afrekenen?
	Ik fer-trek morkha. Kan ik noo af-ray-ken-a?
What time should we_____ vacate?	Hoe laat moeten we van...af?
	Hoo laat mooten wa fan...af?
Could I have my_____ deposit/passport back, please?	Mag ik mijn borgsom/paspoort terug?
	Makh ik mayen borkh-som/passport terukh?
We're in a terrible hurry ___	We hebben erge haast
	Wa hebben er-kha haast
Could you forward _____ my mail to this address?	Kunt u mijn post doorsturen naar dit adres?
	Kunt-oo mayen posst doar-stooren naar dit address?
Could we leave our_____ luggage here until we leave?	Mogen onze koffers hier blijven staan totdat we vertrekken?
	Moakhen onse koffers heer blayefen staan tot-dat wa fertrekken?
Thanks for your _____ hospitality	Bedankt voor uw gastvrijheid
	Be-dankt for oow khast-fraye-hayet

Overnight accommodation

Money matters

.1 Banks

● **Banks** are open from Monday to Friday 9 to 5 but for those with Eurocheque cards and credit cards there is a network of cash dispensers available 24 hours each day. At major railway stations and in the major cities there are also bureaux de change (*wisselkantoor*) where traveller's cheques and Eurocheques can be cashed. You will need your passport as proof of identity and also the Eurocheque card if cashing Eurocheques.

Where can I find a bank/exchange office around here?	Waar is hier ergens een bank/een wisselkantoor?
	Vaar is hier er-khens an bank/vissel-kantoor?
Where can I change this traveller's cheque?	Waar kan ik deze reischeque inwisselen?
	Vaar kan ik day-ze rayes-scheck in-vissela?
Can I cash this...here?	Kan ik hier deze...inwisselen?
	Kan ik heer day-ze...invissela?
Can I withdraw money on my credit card here?	Kan ik hier met een creditcard geld opnemen?
	Kan ik heer met an creditcard khelt op-naymen?
What's the minimum/maximum amount?	Wat is het minimum/maximum bedrag?
	Vat is het minimum/maximum bedrakh?
Can I take out less than that?	Mag ik ook minder opnemen?
	Makh ik oak minder op-naymen?
I've had some money transferred here. Has it arrived yet?	Ik heb telegrafisch geld laten overmaken. Is dat al binnen?
	Ik hep tay-la-khrafisch khelt lata oafer-maken. Is dat al binnen?
These are the details of my bank in the United Kingdom/Ireland	Dit zijn de gegevens van mijn bank in het Verenigd Koningrijk/Ierland
	Dit zayen de khe-khayfens fan mayen bank in het Fer-ayn-igd Koaningk-rayek/Eerlant
This is my bank account number	Dit is mijn banknummer
	Dit is mayen bank-nummer
I'd like to change some money	Ik wil graag geld wisselen
	Ik vil khraakh khelt vissela
Pounds Sterling into...	Engelse ponden tegen...
	Eng-elsa ponden taykhen...
Dutch guilders into...	Guldens tegen...
	khuldens taykhen...
Could you give me some small change with it?	Kunt u me ook wat kleingeld geven?
	Kunt-oo ma oak vat klayenkhelt khayfa?
This is not right	Dit klopt niet
	Dit klopt neet

U moet hier tekenen _____	Sign here, please
U moet dit invullen _____	Fill this in, please
Mag ik uw paspoort zien? _____	Could I see your passport?
Mag ik uw identiteitsbewijs zien? _____	Could I see some identification, please?
Mag ik uw bankpas zien? _____	Could I see your bank card, please?

8 .2 **S**ettling the bill

Could you put it on _____ my bill?	Kunt u het op mijn rekening zetten?
	Kunt-oo het op mayen ray-ken-ing zetten?
Does this amount _____ include service?	Is de bediening (bij dit bedrag) inbegrepen?
	Is de be-deening (baye dit be-drakh) in-be-khraypen?
Can I pay by...? _____	Kan ik met...betalen?
	Kan ik met...betalen?
Do you take credit cards? _____	Kan ik met een creditcard betalen?
	Kan ik met an creditcart betalen?
Can I pay by traveller's _____ cheque?	Kan ik met een reischeque betalen?
	Kan ik met an rayes-sheck betalen?
Can I pay with foreign _____ currency?	Kan ik met vreemde valuta betalen?
	Kan ik met fraym-de valoota betalen?
You've given me too _____ much/you haven't given me enough change	U heeft me te veel/weinig gegeven
	Oo hayft ma te fayl/vayenik khekhayfen
Could you check this _____ again, please?	Wilt u nog eens na-rekenen?
	Vilt-too noch ayns na-ray-kena?
Could I have a receipt/ _____ the till slip, please?	Kunt u me een kwitantie/de kassabon geven?
	Kunt-oo ma an kwit-ant-see/de kassa-bon khayfen?
I don't have enough _____ money on me	Ik heb nog niet genoeg geld bij me
	Ik hep nokh neet khenookh khelt baye ma

We nemen geen creditcards/reischeques/ vreemde valuta aan _____	We don't accept credit cards/traveller's cheques/ foreign currency

This is for you _____	Alstublieft, dit is voor u
	Als-too-bleeft, dit is foar oo
Keep the change _____	Houdt u het wisselgeld maar
	Howt-oo het vissel-khelt maar

Post and telephone

Post and telephone

9 .1 Post

For giros, see 8 Money matters

● **Most post offices** are open during office hours from Monday to Friday and in addition to postal matters also act as Giro banks. Stamps (*postzegels*) can also be purchased with postcards (*briefkaarten*) from shops selling these.

pakjes	postzegels
parcels	postage stamps
postwissels	telegrammen
money orders	telegrams

Where's...?	Waar is...?
	Vaar is...?
Could you tell me _____ where I can find a post office around here?	Waar is hier ergens een postkantoor? *Vaar is heer erkhens an posst-kant-or?*
Could you tell me _____ where the main post office is?	Waar is het hoofd postkantoor? *Vaar is het hoaft posst-kantor?*
Could you tell me _____ where I can find a post box around here?	Waar is hier ergens een brievenbus? *Vaar is hier erkhens an breefenbus?*
Which counter should _____ I go to for...?	Welk loket moet ik hebben voor...? *Wel-ek lok-et moot ik hebben for...?*
Which counter should _____ I go to to send a fax?	Welk loket moet ik hebben voor faxen? *Wel-ek lok-et moot ik hebben for fax-en?*
Which counter should _____ I go to to change money?	Welk loket moet ik hebben voor geld wisselen? *Wel-ek lok-et moot ik hebben for khelt vissela?*
Which counter should _____ I go to to change Giro cheques?	Welk loket moet ik hebben voor girocheques? *Wel-ek lok-et moot ik hebben for kheeroshecks?*
Which counter should _____ I go to for a Telegraphic Money Order?	Welk loket moet ik hebben voor telegrafische giro-overmaking? *Welk-lok-et moot ik hebben for tay-la-khrafeesa kheero-oafer-maaking?*
Poste restante_____	Poste restante *possta restante*
Is there any mail _____ for me? My name's...	Is er post voor mij? Mijn naam is... *Is air posst for maye? Mayen naam is...*

Postage stamps

What's the postage _____ for a...to...?	Hoeveel moet er op een...naar...? *Hoofayl moot er op an...naar...?*
Are there enough _____ stamps on?	Zitten er genoeg postzegels op? *Zitten air khenookh posstzaykhels op?*

I'd like...stamps of... _____	Ik wil graag...postzegels van...
	Ik vil khraakh...posstzaykhels fan...
I'd like to send this... _____	Ik wil dit...versturen
	Ik vil dit...ferstooren
I'd like to send this _____ express	Ik wil dit per expresse versturen
	Ik vil dit per expresse ferstooren
I'd like to send this _____ by air mail	Ik wil dit per luchtpost versturen
	Ik vil dit per lukhtposst ferstooren
I'd like to send this _____ by registered mail	Ik wil dit aangetekend versturen
	Ik vil dit aan-khe-tay-kent ferstooren

Telegram/Fax

I'd like to send a _____ telegram to...	Ik wil graag een telegram versturen naar...
	Ik vil khraakh an tay-la-khram ferstooren naar
How much is that _____ per word?	Hoeveel kost het per woord?
	Hoofayl kost het per woard?
This is the text I want_____ to send	Dit is de tekst die ik wil versturen
	Dit is de tekst dee ik vil ferstooren
Shall I fill out the form_____ myself?	Zal ik het formulier zelf invullen?
	Zal ik het form-oo-leer zelf in-fullen?
Do you have a _____ photocopier/fax machine here?	Kan ik hier fotokopiëren/faxen?
	Kan ik heer photokopee-ayren/fax-en?
How much is it_____ per page?	Hoeveel kost het per pagina?
	Hoofayl kost het per pakheena?

9 .2 Telephone

See also 1.8 Telephone alphabet

● **The majority of public pay phones** in The Netherlands are now operated by telephone cards which can be purchased from post offices and certain other outlets. These phones also accept payment by credit card but there is a minimum charge per call. Some pay phones still accept coins but these are being phased out. Instructions for using Dutch telephones are also given in English. Most bars and restaurants have pay phones for the use of customers.

Is there a phone box _____ around here?	Is hier ergens een telefooncel in de buurt?
	Is heer er-khens an tay-la-foan-sell in de boo-ert?
Could I use your _____ phone, please?	Mag ik van uw telefoon gebruik maken?
	Makh ik fan oow tay-la-foan khebrowk maken?
Do you have a _____ phone directory for...(town)/...(district)?	Heeft u een telefoongids van de stad.../de streek...?
	Hayft-oo an tay-la-foan-khids fan de stat.../de strayk...?
Where can I get a _____ phone card?	Waar kan ik een telefoonkaart kopen?
	Vaar kan ik an tay-la-foan-kaart kopen?
Could you give me the...? __	Kunt u me helpen aan het...?
	Kunt-oo ma helpen aan het...?

Could you give me the ____ number for international directory enquiries?	Kunt u me helpen aan het nummer van informatie buitenland? *Kunt-oo ma helpa aan het nummer fan informat-see bowtenlant?*
Could you give me the ____ number of room...?	Kunt u me helpen aan het nummer van kamer...? *Kunt-oo ma helpen aan het nummer fan kaam-er...?*
Could you give me the ____ international access code?	Kunt u me helpen aan het internationale nummer? *Kun-oo ma helpen aan het inter-nashon-ala nummer?*
Could you give me the ____ country code for...?	Kunt u me helpen aan het landnummer van...? *Kunt-oo ma helpen aan het lant-nummer fan...?*
Could you give me the ____ trunk dialling code for...?	Kunt u me helpen aan het kengetal van...? *Kunt-oo ma helpen aan het ken-khe-tal fan...?*
Could you give me the ____ number of...?	Kunt u me helpen aan het abonneenummer van...? *Kunt-oo ma helpen aan het abon-ay-nummer fan...?*
Could you check if this ____ number's correct?	Kunt u nagaan of dit nummer correct is? *Kunt-oo na-khaan of dit nummer korrekt is?*
Can I dial international____ direct?	Kan ik automatisch bellen naar het buitenland? *Kan ik owtoa-ma-tees bellen naar het bowtenlant?*
Do I have to go through ___ the switchboard?	Moet ik via de telefoniste bellen? *Moot ik vee-a de tay-la-foan-iste bellen?*
Do I have to dial '0'_____ first?	Moet ik eerst een nul draaien? *Moot ik ayr-st an nul draa-yen?*
Do I have to book _____ my calls?	Moet ik een gesprek aanvragen? *Moot ik an khesprek aanfraakhen?*
Could you dial this _____ number for me?	Wilt u het volgende nummer voor me bellen? *Vilt-oo het folkhenda nummer for ma bellen?*
Could you put me _____ through to.../extension..., please?	Kunt u me doorverbinden met.../toestel...? *Kunt-oo ma doorferbinden met.../too-stel...?*
I'd like to place a _____ reverse-charge call to...	Ik wil graag een collect call met... *Ik vil khraakh an collect call met...*
What's the charge per ____ minute?	Wat kost het per minuut? *Vat kost het pair min-oot?*
Have there been any _____ calls for me?	Heeft er iemand voor mij gebeld? *Hayft air eemant for ma khebelt?*

The conversation

Hello, this is..._____	Hallo, u spreekt met... *Hallo, oo spraykt met...*
Who is this, please? _____	Met wie spreek ik? *Met vee sprayk ik?*
Is this...?_____	Spreek ik met...? *Sprayk ik met...?*

I'm sorry, I've dialled the wrong number	Sorry, ik heb het verkeerde nummer gedraaid *So-ree, ik hep het ferkayrde nummer khedraayt*
I can't hear you	Ik kan u niet verstaan *Ik kan oo neet ferstaan*
I'd like to speak to...	Ik wil graag spreken met... *Ik vil khraakh sprayken met...*
Is there anybody who speaks English?	Is er iemand die Engels spreekt? *Is er eemant dee Eng-els spraykt?*
Extension..., please	Mag ik toestel...van u? *Makh ik toestel...fan-oo?*
Could you ask him/her to call me back?	Wilt u vragen of hij/zij me terugbelt? *Vilt-oo frakhen of haye/zaye ma terukh-belt?*
My name's... My number's...	Mijn naam is...Mijn nummer is... *Mayen naam is...Mayen nummer is...*
Could you tell him/her I called?	Wilt u zeggen dat ik gebeld heb? *Vilt-oo zekh-khen dat ik khebelt hep?*
I'll call him/her back tomorrow	Ik bel hem/haar morgen terug *Ik bel hem/haar morkha terukh*

Er is telefoon voor u	There's a phone call for you
U moet eerst een nul draaien	You have to dial '0' first
Heeft u een momentje?	One moment, please
Ik krijg geen gehoor	There's no answer
Het toestel is bezet	The line's engaged
Wilt u wachten?	Do you want to hold?
Ik verbind u door	Putting you through
U heeft een verkeerd nummer	You've got a wrong number
Hij/zij is op het ogenblik niet aanwezig	He's/she's not here right now
Hij/zij is...weer te bereiken	He'll/she'll be back...
Dit is het automatisch antwoordapparaat van...	This is the answering machine of...

Shopping

Shopping

● **Shops are generally open** from 9am–6pm (9.00–18.00)
Monday–Saturday but in many areas shops do not open on Monday
morning until lunch-time and most towns and larger communities have
a late shopping evening (*koopavond*) which is usually either Thursday
or Friday night. Some large supermarkets remain open in the evening.

antiek	hypotheekbank	rijwielhandel
antiques	mortgage bank	bicycle dealer
apotheek	ijssalon	rookartikelen
dispensing	ice cream parlour	tobacconist
chemist/pharmacy	ijzerwaren	schoenenwinkel
bakkerij	hardware store	shoe shop
bakery	juwelier	schoonheidssalon
banketbakkerij	jeweller's	beauty parlour
cake shop	kapsalon	slagerij
belastingvrije winkel	hairdresser	butcher
tax-free shop	kiosk	slijterij
bloemist	newsstand	off-licence
florist	koopjeskelder	speelgoedzaak
boekhandel	bargain basement	toy shop
book shop	kranten/tijdschriften	sportzaak
café	newsagent	sports shop
bar, café	kruidenier	stomerij
drogist	grocery store	dry cleaner's
chemist's shop	markt	supermarkt
fietsenhandelaar	market	supermarket
bicycle dealer	melkproducten	tweedehands
fietsenmaker	dairy products	artikelen
bicycle repairer	meubelzaak	second-hand goods
fijne eetwaren/	furniture store	vishandel
delicatessen	opticien	fishmonger
deli-bar/delicatessen	optician	warenhuis
fotohandel	parfumerie	department store
camera shop	perfumery	wasserette
groente en fruit	platenzaak	launderette
greengrocer	record shop	winkelcentrum
huishoudelijke	postkantoor	shopping centre
artikelen	post office	winkelgalerij
household goods	reformwinkel	shopping arcade
huishoudelijke	health food shop	winkelpromenade
apparaten	reisbureau	shopping mall
electrical appliances	travel agent	zelfbediening
		self-service

Where can I get...? _____	In welke winkel kan ik...krijgen?
	In vel-ka vinkel kan ik...krayekhen?
When does this shop _____ open?	Wanneer is deze winkel open?
	Vaneer is day-ze vinkel oapa?
Could you tell me _____ where the...department is?	Kunt u me de...afdeling wijzen?
	Kunt-oo ma de...af-dayling wayezen?
Could you help me, _____ please? I'm looking for...	Kunt u me helpen? Ik zoek...
	Kunt-oo ma helpen? Ik zook...
Do you sell English _____ newspapers?	Verkoopt u Engelse kranten?
	Ferkoapt-oo Eng-elsa kranten?

Kan ik u helpen? _____ **Can I help you?**

Yes, I'd like... _____	Ja. Ik had graag...
	Ya. Ik hat khraakh...
I'm just looking, _____ if that's all right	Ik kijk wat rond, als dat mag
	Ik kayek vat ront, als dat makh

Anders nog iets? _____ **Anything else?**

Yes, I'd also like... _____	Ja, geeft u me ook nog...
	Ya, khayft-oo ma oak nokh...
No, thank you. That's all ___	Nee, dank u. Dat was het
	Nay, dank-oo. Dat vas-et
Could you show me...? ____	Kunt u me...laten zien?
	Kunt-oo ma...laten zeen?
I'd prefer... _____	Ik wil liever...
	Ik vil leefer...
This is not what I'm _____ looking for	Dit is niet wat ik zoek
	Dit is neet vat ik zook
Thank you. I'll keep _____ looking	Dank u. Ik kijk nog even ergens anders
	Dank-oo. Ik kayek nokh ayfa er-khens and-ers
Do you have _____ something...?	Heeft u niet iets dat...is?
	Hayft-oo neet eets dat...is?
– less expensive? _____	Heeft u niet iets dat goedkoper is?
	Hayft-oo neet eets dat khoodkoaper is?
– smaller? _____	Heeft u niet iets dat kleiner is?
	Hayft-oo neet eets dat klayener is?
– larger? _____	Heeft u niet iets dat groter is?
	Hayft-oo neet eets dat khroater is?
I'll take this one _____	Deze neem ik
	Day-ze naym ik
Does it come with _____ instructions?	Zit er een gebruiksaanwijzing bij?
	Zit-air an khebrowks-anwayezing baye?
It's too expensive _____	Ik vind het te duur
	Ik vind het te doo-er

I'll give you... _____	Ik bied u...
	Ik beet-oo
Could you keep this for ____ me? I'll come back for it later	Wilt u die voor mij bewaren? Ik kom het straks ophalen
	Vilt-oo dee for maye be-varen? Ik kom het straks ophalen
Have you got a bag _____ for me, please?	Heeft u een tasje voor me?
	Hayft-oo an tas-ye for ma?
Could you giftwrap _____ it, please?	Kunt u het inpakken in cadeaupapier?
	Kunt-oo het inpakken in kadoa-papeer?

Het spijt me, dat hebben we niet _____	I'm sorry, we don't have that
Het spijt me, dat is uitverkocht _____	I'm sorry, we're sold out
Het spijt me, dat komt pas...weer _____ binnen	I'm sorry, that won't come in before...
U kunt aan de kassa afrekenen _____	You can pay at the cash desk
We nemen geen creditcards aan_____	We don't accept credit cards
We nemen geen reischeques aan _____	We don't accept traveller's cheques
We nemen geen vreemde valuta _____	We don't accept foreign currency

10 .2 Food

I'd like a hundred_____ grams of..., please	Ik wil graag een ons...
	Ik vil khraakh ayn ons...
I'd like a five hundred _____ grams of..., please	Ik wil graag een pond...
	Ik vil khraakh ayn pont...
I'd like a kilo of..., please ___	Ik wil graag een kilo...
	Ik vil khraakh ayn keelo...
Could you...it for me, _____ please?	Wilt u het voor me...?
	Vilt u het for ma...?
Could you slice it/ _____ dice it for me, please?	Vilt u het voor me in plakjes/stukjes snijden?
	Vilt-oo het for ma in plak-yas/stuk-yas snayeda
Could you grate it _____ for me, please?	Wilt u het voor me raspen?
	Vilt u het for ma raspen?
Can I order it?_____	Kan ik het bestellen?
	Kan ik het be-stellen?
I'll pick it up tomorrow/ ____ at...	Ik kom het morgen/om...uur ophalen
	Ik kom het morkha/om...oor ophalen
Can you eat/drink this? ____	Is dit om te eten/drinken?
	Is dit om te ayten/drinken?
What's in it? _____	Wat zit er in?
	Vat zit-er in?

I saw something in the ___ window. Shall I point it out?
Ik heb in de etalage iets gezien. Zal ik het aanwijzen?
Ik hep in de aytal-azya eets khezeen. Zal ik het anwayezen?

I'd like something to_____ go with this
Ik wil graag iets dat hierbij past
Ik vil khraakh eets dat heer-baye passt

Do you have shoes _____ in this colour?
Heeft u schoenen in dezelfde kleur als dit?
Hayft-oo skhoonen in de-zelf-de kl-eu-r als dit?

I'm a size...in the _____ UK/Ireland
Ik heb maat...in het Verenigd Koninkrijk/Ierland
Ik hep maat...in het Feraynigd Koaningk-rayek/Eerlant

Can I try this on? _____
Mag ik dit passen?
Makh ik dit passen?

Where's the fitting_____ room?
Waar is de paskamer?
Vaar is de pass-kamer?

It doesn't fit_____
Het past me niet
Het passt ma neet

This is the right size _____
Dit is de goede maat
Dit is de khooda maat

It doesn't look good on ___ me
Het staat me niet mooi
Het staat ma neet moay

Do you have this/ _____ these in...?
Heeft u ook deze in het...
Hayft-oo oak day-ze in het...

The heel's too high/low ____
Ik vind de hak te hoog/laag
Ik fint de hak te hoakh/laakh

Is this/are these _____ genuine leather?
Is/zijn dit/deze echt leer?
Is/zayen dit/day-ze ekht layr?

I'm looking for a..._____ for a...-year-old baby/child
Ik zoek een...voor een baby/ kind van...jaar
Ik zook an...for an beby/ kint fan...yaar

I'd like a... _____
Ik had graag een...van...
Ik hat khraakh an...fan...

I'd like a silk... _____
Ik had graag een...van zijde
Ik hat khraakh an...fan zayede

I'd like a cotton..._____
Ik had graag een...van katoen
Ik hat khraakh an...fan katoon

I'd like a woollen... _____
Ik had graag een...van wol
Ik hat khraakh an...fan wol

I'd like a linen... _____
Ik had graag een...van linnen
Ik hat khraakh an...fan linnen

What temperature_____ can I wash it at?
Op welke temperatuur kan ik het wassen?
Op vel-ke temp-er-at-toor kan ik het wassen?

Will it shrink in the _____ wash?
Krimpt het in de was?
Krimpt het in de was?

Shopping

Chemisch reinigen	Machinewas	Niet centrifugeren
Dry clean	Machine wash	Do not spin dry
Handwas	Nat ophangen	Niet strijken
Hand wash	Drip dry	Do not iron

At the cobbler

Could you mend _____ these shoes?	Kunt u deze schoenen repareren? *Kunt-oo day-ze skhoonen repar-ayren?*
Could you put new _____ soles/heels on these?	Kunt u hier nieuwe zolen/hakken onder zetten? *Kunt-oo heer ni-oo-wa zoalen/hakken onder zetten?*
When will they be _____ ready?	Wanneer zijn ze klaar? *Vaneer zayen ze klaar?*
I'd like..., please _____	Ik wil graag... *Ik vil khraakh...*
I'd like some shoe polish, __ please	Ik wil graag een doosje schoensmeer *Ik vil khraakh an doas-ye skhoon-smeer*
I'd like a pair of shoelaces, _ please	Ik wil graag een paar veters *Ik vil khraakh an paar fayters*

10.4 Photographs and video

I'd like a film for this _____ camera, please	Ik wil graag een filmrolletje voor dit toestel *Ik vil khraakh an fil-em rol-at-ye for dit too-stel*
I'd like a cartridge for this __ camera, please	Ik wil graag een cassette voor dit toestel *Ik vil khraakh an cas-et-ta for dit too-stel*
I'd like a one twenty-six _____ cartridge for this camera, please	Il wil graag een honderd-zes-en-twintig cassette voor dit toestel *Ik vil khraakh an honderd-sess-en-twintikh cas-et-ta for dit toostel*
I'd like a slide film for this _ camera, please	Ik wil graag een diafilm voor dit toestel *Ik vil khraakh an dee-a-fil-em for dit toostel*
I'd like a movie film _____ cartridge for this camera, please	Ik wil graag een filmcassette voor dit toostel *Ik vil khraakh an fil-em-cas-et-ta for dit toostel*
I'd like a videotape for _____ this camera please	Ik wil graag een videoband voor dit toestel *Ik vil khraakh an fid-ee-oh bant for dit toostel*
colour/black and white _____	kleur/zwart-wit *kleur/zvart-wit*
super eight _____	super acht millimeter *soop-er akht milli-mayter*
12/24/36 exposures _____	twaalf/vier-en-twintig/zes-en-dertig opnamen *twal-ef/feer-en-twintikh/zess-en-dertikh opnamen*
a film of ...ASA _____	een rolletje van ASA... *an rol-et-ye fan aasa...*
a daylight film _____	een daglicht film *an dakhlikht fil-em*
a tungsten film _____	een kunstlicht film *an kunstlikht fil-em*

Problems

Could you load the _____ film for me, please?	Wilt u de film in het toestel doen?
	Vilt-oo de fil-em in het too-stel doon?
Could you take the film ____ out for me, please?	Wilt u de film uit de camera halen?
	Vilt-oo de fil-em owt de kamera haalen?
Should I replace _____ the batteries?	Moet ik de batterijen vervangen?
	Moot ik de bat-er-aye-en ferfangen?
Could you have a look ____ at my camera, please? It's not working	Wilt u naar mijn camera kijken? Hij doet het niet meer
	Vilt-oo naar mayen kamera kayekhen? Haye doot het neet mayr
The...is broken _____	De...is kapot
	De...is kapot
The film's jammed _____	De film zit vast
	De fil-em zit fast
The film's broken _____	De film is gebroken
	De fil-em is khebroaken
The flash isn't working ____	De flitser doet het niet meer
	De flitser doot het neet mayr

Processing and prints

I'd like to have this film ____ developed/printed, please	Ik wil deze film laten ontwikkelen/afdrukken
	Ik vil dayze fil-em laten ontvikkelen/afdrukken
I'd like...prints from_____ each negative	Ik wil graag...afdrukken van elk negatief
	Ik vil khraakh...afdrukken fan el-ek nay-khat-eef
6 x 9 (six by nine) _____	zes bij negen
	zess baye naykha
I'd like to reorder _____ these photos	Ik wil deze foto's laten bijbestellen
	Ik vil dayze fotos laten baye-bestellen
How much is _____ development?	Hoeveel kost het ontwikkelen?
	Hoo-fayl kost het ont-vikel-en?
How much is printing?_____	Hoeveel kost het afdrukken?
	Hoo-fayl kost het af-drukken?
How much to reorder?_____	Hoeveel kost de bijbestelling?
	Hoo-fayl kost de baye-be-stelling
How much is the _____ enlargement?	Hoeveel is de vergroting?
	Hoo-fayl is de fer-khroating?
When will they _____ be ready?	Wanneer zijn ze klaar?
	Wanneer zayen ze klaar?

10 .5 At the hairdresser's

Do I have to make an _____ appointment?	Moet ik een afspraak maken?
	Moot ik an afspraak maaken?
Can I come in straight ____ away?	Kunt u me direct helpen?
	Kunt-oo ma deerekt helpen?
How long will I have_____ to wait?	Hoe lang moet ik wachten?
	Hoo lang moot ik vakhten?
I'd like a shampoo/ _____ haircut	Ik wil mijn haar laten wassen/knippen
	Ik vil mayen haar laten was-sen/ke-nippen

a shampoo for_____ oily/dry hair, please	Ik wil graag een shampoo tegen vet/droog haar
	Ik vil khraakh an sham-poa taykhen fet/droakh haar
I'd like an anti-dandruff ____ shampoo	Ik wil graag een shampoo tegen roos
	Ik vil khraakh an sham-poa taykhen roase
I'd like a shampoo for ____ permed/coloured hair	Ik wil graag een shampoo voor permanent/geverfd haar
	Ik vil khraakh an sham-poa for per-man-ent/kheferft haar
I'd like a colour rinse ____ shampoo	Ik wil graag een kleurshampoo
	Ik vil khraakh an kleur-sham-poa
I'd like a shampoo with ____ conditioner, please	Ik wil graag een shampoo met conditioner
	Ik vil khraakh an sham-poa met conditioner
I'd like highlights_____	Ik wil graag coupe soleil
	Ik vil khraakh coop soll-ay
I'd like to see a colour ____ chart, please	Heeft u een kleurenkaart alstublieft?
	Hayft-oo an kleuren-kaart als-too-bleeft?
I want to keep it the same _ colour	Ik wil dezelfde kleur houden
	Ik vil de-zelf-de kleur howden
I'd like it darker/lighter____	Ik wil het donkerder/lichter
	Ik vil het donkerd-er/likht-er
I'd like/I don't want _____ hairspray	Ik wil/wil geen versteviger in mijn haar
	Ik vil/vil khayn ferstayvikher in mayen haar
I'd like/I don't want gel____	Ik wil/wil geen gel
	Ik vil/vil khayn zyell
I'd like/I don't want lotion __	Ik wil/wil geen lotion
	Ik vil/vil khayn loa-shon
I'd like a short fringe ____	Ik wil mijn pony kort
	Ik vil mayen poan-ee kort
Not too short at _____ the back	Ik wil het achteren niet te kort
	Ik vil het akhtera neet te kort
Not too long here _____	Ik wil het hier niet te lang
	Ik vil het heer neet te lang
I want curls _____	Ik wil krullen
	Ik vil krulla
I don't want too many ____ curls	Ik wil niet te veel krullen
	Ik vil neet te fayl krulla
It needs a little/_____ a lot taken off	Er moet een klein stukje/flink stuk af
	Air moot an klayen stuk-ya/flink stuk af
I want a completely _____ different style	Ik wil een heel ander model
	Ik vil an hayl ander moa-del
I'd like it the same as... ____	Ik wil mijn haar zoals...
	Ik vil mayen haar zo-als...
I'd like it the same as _____ that lady's	Ik wil mijn haar zoals die mevrouw
	Ik vil mayen haar zo-als dee ma-frow
I'd like it the same as in____ this photo	Ik wil mijn haar zoals op deze foto
	Ik vil mayen haar zoals op day-ze foto
Could you put the _____ drier up/down a bit?	Kunt u de kap hoger/lager zetten?
	Kunt-oo de kap hoakher/laakher zetten?
I'd like a facial _____	Ik wil graag een gezichtsmasker
	Ik vil khraakh an khezikhts-masker
I'd like a manicure_____	Ik wil graag een manicure
	Ik vil khraakh an manikoor
I'd like a massage _____	Ik wil graag een massage
	Ik vil khraakh an mas-saa-zya

Could you trim my...?	Wilt u mijn...bijknippen?
	Vilt-oo mayen...baye-ke-nippa?
– fringe?	Wilt u mijn pony bijknippen?
	Vilt-oo mayen pony baye-ke-nippa?
– beard?	Wilt u mijn baard bijknippen?
	Vilt-oo mayen baart baye-ke-nippa?
– moustache?	Wilt u mijn snor bijknippen?
	Vilt-oo mayen snor baye-ke-nippa?
I'd like a shave, please	Scheren alstublieft
	Skhayren als-too-bleeft
I'd like a wet shave, please	Ik wil met een mesje geschoren worden
	Ik vil met an mes-ye kheskhoren worden

Hoe wilt u uw haar geknipt?	How would you like your hair cut?
Welk model heeft u op het oog?	What style did you have in mind?
Welke kleur moet het worden?	What colour did you want it?
Is dit de goede temperatuur?	Is the temperature all right for you?
Wilt u iets te lezen hebben?	Would you like something to read?
Wilt u iets drinken?	Would you like a drink?
Is het naar uw zin?	Is this what you had in mind?

Shopping

10

At the Tourist Information Centre

11 At the Tourist Information Centre

11.1 Places of interest

Where's the Tourist Information, please? — Waar is het VVV-kantoor?
Vaar is het Vay-vay-vay-kantoar?

Do you have a town map? — Heeft u een plattegrond van de stad?
Hayft-oo an plattekhrond fan de stat?

Could you give me some information about... — Kunt u mij informatie geven over...?
Kunt-oo maye inform-at-see khayfen oafer...?

How much do we owe you for this? — Hoeveel moeten we u hiervoor betalen?
Hoo-fayl mooten wa oo heerfor betaalen

What are the main places of interest? — Wat zijn de belangrijkste bezienswaardigheden?
Vat zayen de belangrayekste bezeensvaardikh-hayda?

Could you point them out on the map? — Kunt u die aanwijzen op de kaart?
Kunt-oo die aan-vaye-zen op de kaart?

What do you recommend? — Wat raadt u ons aan?
Vat raat-oo ons aan?

We'll be here for a few hours — We blijven hier een paar uur
We blayefen heer an paar oor

We'll be here for a day — We blijven hier een dag
We blayefen heer an dakh

We'll be here for a week — We blijven hier een week
We blayefen heer an wayk

We're interested in... — We zijn geïnteresseerd in...
We zayen khe-interes-ayrt in...

Is there a scenic walk around the town? — Kunnen we een stadswandeling maken?
Kunnen wa an stats-vandeling maaken?

How long does it take? — Hoe lang duurt het?
Hoo lang doort het?

Where does it start/end? — Waar is het startpunt/eindpunt?
Vaar is het startpunt/ayendpunt?

Are there any boat cruises here? — Zijn er hier rondvaartboten?
Zayen-er heer rontfaartboaten?

Where can we board? — Waar kunnen we aan boord gaan?
Vaar kunnen wa an boart khaan?

Are there any bus tours? — Zijn er rondritten per bus?
Zayen-er rontritten pair bus?

Where do we get on? — Waar moeten we opstappen?
Vaar mooten wa opstappen?

What trips can we take around the area?	Welke uitstapjes kan men in de omgeving maken?
	Welk-a owtstap-yas kan men in de omkhayfing maken?
Are there any _____ excursions?	Zijn er excursies?
	Zayen er eks-kursees?
Where do they go to? ____	Waar gaan die naar toe?
	Vaar khaan dee naar-too?
We'd like to go to... _____	We willen naar...
	Wa willen naar...
How long is the trip? _____	Hoe lang duurt die tocht?
	Hoo lang doort dee tocht?
How long do we _____ stay in...?	How lang blijven we in...?
	Hoe lang blayfen wa in...
Are there any guided ____ tours?	Zijn er rondleidingen?
	Zayen er rontlayedingen?
How much free time_____ will we have there?	Hoeveel tijd hebben we daar voor onszelf?
	Hoofayl tayet hebben wa daar for ons-zel-ef?
We want to go hiking_____	We willen een trektocht maken
	We willen an trektokht maken
Can we hire a guide? _____	Kunnen we een gids huren?
	Kunnen wa an khids hooren?
What time does... _____ open/close?	Hoe laat gaat...open/dicht?
	Hoo laat khaat...open/dicht?
What days is...open/_____ closed?	Op welke dagen is...geopend/gesloten?
	Op wel-ka dakhen is...khe-oapend/khesloata?
What's the admission_____ price?	Hoeveel is de toegangsprijs
	Hoo-fayl is de too-khangs-prayes?
Is there a group _____ discount?	Is er reductie voor groepen?
	Is-er redukt-see for khroopen?
Is there a child _____ discount?	Is er reductie voor kinderen?
	Is-er redukt-see for kind-er-en?
Is there a discount_____ for pensioners?	Is-er reductie voor vijf-en-zestig plussers?
	Is-er redukt-see for fayef-en-zesstikh plussers?
Can I take (flash) _____ photos here?	Mag ik hier fotograferen (met flits)?
	Makh ik heer fotograf-ayren (met flitse)?
Can I film here? _____	Mag ik hier filmen?
	Makh ik heer filmen?
Do you have any _____ postcards with...on them?	Verkoopt u ansichtskaarten met...erop?
	Ferkoapt-oo ansikhts-kaarten met...er-op?
Do you have a...in _____ English?	Heeft u een...in het Engels?
	Hayft-oo an...in het Eng-els?
Do you have an English ___ catalogue?	Heeft u een catalogus in het Engels?
	Hayft-oo an katal-oh-khus in het Eng-els?
Do you have an English ___ programme?	Heeft u een programma in het Engels?
	Hayft-oo an proakhramma in het Eng-els?
Do you have a brochure ___ in English?	Heeft u een brochure in het Engels?
	Hayft-oo an brosh-oora in het Engels?

11 .2 Going out

Films are shown in their original language with Dutch sub-titles so that there is usually a wide choice of American and British films with the original sound tracks. Most of the larger towns have a broad range of cultural activities including the performing arts. Many 'night clubs' are in fact brothels. There are dance venues or discos mainly catering for the younger generation. Besides the performing arts, much night life is centred around the cafés and bars.

Do you have this week's/month's entertainment guide?	Heeft u de uitgaanskrant van deze week/maand? *Hayft-oo de owtkhaanskrant fan day-ze wayk/maand?*
What's on tonight?	Wat is er vanavond te doen? *Vat is-er fan-afont te doon?*
We want to go to...	We willen naar... *We villen naar...*
Which films are showing?	Welke films draaien er? *Wel-ka fil-ems draay-en air?*
What sort of film is that?	Wat voor een film is dat? *Vat for an fil-em is dat?*
suitable for all ages	alle leeftijden *alla layf-taye-den*
older than 12/16	ouder dan twaalf/zestien *owder dan twal-ef/zess-teen*
original version	originele versie *oree-zyeenay-le fersee*
subtitled	met ondertitels *met onderteetels*
dubbed	nagesynchroniseerd *na-khe-synkhroh-nisayrt*
Is it a continuous showing?	Is het een doorlopende voorstelling? *Is het an doorloapenda foarstelling?*
What's on at...?	Wat is er te doen in...? *Vat is er te doon in...?*
– the theatre?	Wat is er te doen in het theater? *Vat is er te doon in het tay-a-ter*
– the concert hall?	Wat is er te doen in het concertgebouw? *Vat is er te doon in het konsairt-khebow?*
– the opera?	Wat is er te doen in de opera? *Vat is er te doon in de op-ay-ra?*
Where can I find a good disco around here?	Waar is hier een goede disco? *Vaar is heer an khooda disco?*
Is it for members only?	Is lidmaatschap vereist? *Is lidmaatskhap ferayest?*
Where can I find a good nightclub around here?	Waar is hier een goede nachtclub? *Vaar is heer an khooda nakht-club?*
Is it evening dress only?	Is avondkleding verplicht? *Is afont-klayding ferplikht?*
Should I/we dress up?	Is avondkleding gewenst? *Is afond-klayding khe-wenst?*
What time does the show start?	Hoe laat begint de show? *Hoo laat bekhint de show?*

93

When's the next soccer ____ match?	Wanneer is de eerstvolgende voetbalwedstrijd? *Vaneer is de eerst-folkhenda footbal-vedstrayed?*
Who's playing? ____	Wie spelen er tegen elkaar? *Vee spaylen-air taykhen el-kaar?*
I'd like an escort for ____ tonight. Could you arrange that?	Ik wil voor vanavond een escort-guide. Kunt u dat voor me regelen? *Ik vil foar fan-afont an escortgaid. Kunt-oo dat for ma raykhela?*

.3 Booking tickets

Could you book some ____ tickets for us?	Kunt u voor ons reserveren? *Kunt-oo for ons rayserv-ayren?*
We'd like to book... ____ seats/a table...	We willen...plaatsen/een tafeltje reserveren *We vil-en...plaatsen/an taafelt-ya rayservayren*
We'd like to book...seats/a table in the stalls	We willen...plaatsen/een tafeltje in de zaal *We vil-en...plaatsen/an taafelt-ye in de zaal*
We'd like to book...box ____ seats	We willen...plaatsen in de loge *Wa vil-en...plaatsen in de lozya*
We'd like to book...seats ____ at the front	We willen...plaatsen voorin *Wa vil-en...plaatsen foarin*
We'd like to book...seats/a _ table in the circle	We willen...plaatsen/een tafeltje op het balkon *We vil-en...plaatsen/an tafelt-ye op het bal-kon*
We'd like to book...seats/a _ table in the middle	We willen...plaatsen/een tafeltje in het midden *We vil-en...plaatsen/an taafelt-ye in het midden*
We'd like to book...seats/a _ table at the back	We willen...plaatsen/een tafeltje achteraan *We vil-en...plaatsen/an taafelt-ye akhteraan*
Could I book...seats for ____ the...o'clock performance?	Kan ik...plaatsen voor de voorstelling van...uur reserveren? *Kan ik...plaatsen for de foarstelling fan...oor reserv-ayren?*
Are there any seats left ____ for tonight?	Zijn er nog kaartjes voor vanavond? *Zayen-er nokh kaart-yas for fan-afont?*
How much is a ticket? ____	Hoeveel kost een kaartje? *Hoo-fayl kost an kaart-ya?*
When can I pick the ____ tickets up?	Wanneer kan ik de kaartjes ophalen? *Vaneer kan ik de kaart-yas op-haalen?*
I've got a reservation ____	Ik heb gereserveerd *Ik hep khereserv-ayrt*
My name's... ____	Mijn naam is... *Mayen naam is...*

Dutch	English
Voor welke voorstelling wilt u _____ reserveren?	Which performance do you want to book for?
Waar wilt u zitten? _____	Where would you like to sit?
Alles is uitverkocht _____	Everything's sold out
Er zijn alleen nog staanplaatsen _____	It's standing room only
Er zijn alleen nog plaatsen op het _____ balkon	We've only got circle seats left
Er zijn alleen nog plaatsen op het_____ schellinkje	We've only got gallery seats left
Er zijn alleen nog plaatsen in de zaal____	We've only got stall seats left
Er zijn alleen nog plaatsen vooraan _____	We've only got seats left at the front
Er zijn alleen nog plaatsen achteraan ___	We've only got seats left at the back
Hoeveel plaatsen wilt u? _____	How many seats would you like?
U moet de kaartjes vóór...uur ophalen __	You'll have to pick up the tickets before...o'clock
Mag ik uw plaatsbewijzen zien? _____	Tickets, please
Dit is uw plaats_____	This is your seat

12

Sports

12 **S**ports

12 .1 **S**porting questions

Where can we... _____ around here?	Waar kunnen we hier...?
	Vaar kunnen wa heer...?
Is there a... _____ around here?	Is er hier een...in de buurt?
	Is air heer an...in de boo-ert?
Can I hire a...here? _____	Kan ik hier een...huren?
	Kan ik heer an...hooren?
Can I take...lessons? _____	Kan ik les nemen in...?
	Kan ik les naymen in...?
How much is that per_____ hour/per day/a turn?	Hoeveel kost dat per uur/dag/keer?
	Hoo-fayl kost day per oor/dakh/kayr?
Do I need a permit _____ for that?	Heb ik daarvoor een vergunning nodig?
	Hep ik daarfoar an ferkhunning noadikh?
Where can I get _____ the permit?	Waar kan ik die vergunning krijgen?
	Vaar kan ik dee ferkhunning kraye-khen?

12 .2 **B**y the waterfront

Is it a long way to _____ the sea still?	Is het nog ver naar zee?
	Is het nokh fer naar zay?
Is there a...around here? ___	Is er hier ook een...in de buurt?
	Is er heer oak an...in de boo-ert?
Is there a swimming pool __ around here?	Is er hier ook een zwembad in de buurt?
	Is er heer oak an zwem-bat in de boo-ert?
Is there a sandy beach_____ around here?	Is er hier ook een zandstrand in de buurt?
	Is er heer oak an zantstrant in de boo-ert?
Is there a nudist beach ___ around here?	Is er hier ook een naaktstrand in de buurt?
	Is er heer oak an naaktstrant in de boo-ert?
Is there a mooring around _ here?	Is er hier ook een aanlegplaats voor boten in de buurt?
	Is er heer oak an aanlekhplaats for boaten in de boo-ert?
Are there any rocks_____ here?	Zijn er hier ook rotsen?
	Zayen-er heer oak rotsen?
When's high/low tide? _____	Wanneer is het vloed/eb?
	Vaneer is het flood/ep?
What's the water _____ temperature?	Wat is de temperatuur van het water?
	Vat is de temper-a-toor fan het vaater?
Is it (very) deep here? _____	Is het hier (erg) diep?
	Is het heer (air-ekh) deep?
Can you reach the bottom _ here?	Kan je hier staan?
	Kan ya heer staan?
Is it safe for children to ____ swim here?	Is het hier veilig zwemmen voor kinderen?
	Is het heer faylikh zwemma for kind-er-a?
Are there any currents? ____	Zijn er stromingen?
	Zayen-er stroaminga
Are there any rapids/ _____ cascades in this river?	Heeft deze rivier stroomversnellingen / watervallen?
	Hayft day-ze riv-eer stroam-fersnellingen/vaater-fallen?
What does that flag/_____ buoy mean?	Wat betekent die vlag/boei daar?
	Vat betekent dee flakh/boo-ee daar?

Is there a life guard_____ on duty here?	Is er hier een badmeester die een oogje in het zeil houdt?
	Is-er heer an bat-mayster dee an oakh-ya in het zayel howt?
Are dogs allowed here?____	Mogen hier honden komen?
	Moakhen heer honden koamen?
Is camping on the _____ beach allowed?	Mag je hier kamperen op het strand?
	Makh ya heer kampayren op het strant?
Are we allowed to_____ build a fire here?	Mag je hier een vuurtje stoken?
	Makh ya heer an fuurt-ya stoaken?

Alleen met vergunning	Verboden te surfen	Verboden te zwemmen
Permits only	**No surfing**	**No swimming**
Gevaar	Verboden te vissen	Viswater
Danger	**No fishing**	**Fishing water**

📀 .3 In the snow

Is there an ice rink around _ here?	Is er een kunstijsbaan in de buurt?
	Is-air an kunst-ayesbaan in de boo-ert
Can I hire a pair of skates __ here?	Kan ik hier een paar schaatsen huren?
	Kan ik heer an paar skhaatsen hoo-ren?
I'm size...in the UK/Ireland _	Ik heb maat...in het Verenigd Koninkrijk/Ierland
	Ik hep maat...in het Fer-aynigd Koaningk-rayek/Eerlant
Is there anywhere to skate _ out of doors around here even if it doesn't freeze? / Is there an outdoors ice rink around here?	Kan ik hier ergens buiten schaatsen zelfs als het niet vriest?/ Is er hier een onoverdekte kunstijsbaan?
	Kan ik heer air-khens bow-ten skhaatsen zel-efs als het neet freest? / Is air heer an on-oaferdekta kunstayesbaan?
Where is it safe to skate ___ on natural ice around here?	Waar kan ik hier veilig op natuurijs schaatsen?
	Vaar kan ik heer faylikh op natoor-ayes skhaatsen?
Is the ice thick enough for _ skating?	Is het ijs al dik genoeg om op te schaatsen?
	Is het ayes al dik khenookh om op te skhaatsen?

Sports

12

Sickness

13 Sickness

13.1 Call (fetch) the doctor

Could you call/fetch a_____ doctor quickly, please?	Kunt u snel een dokter halen, alstublieft? *Kunt-oo snel an dokter haalen, alstoobleeft?*
When does the doctor _____ have a surgery?	Wanneer heeft de dokter spreekuur? *Vaneer hayft de dokter sprayk-oor?*
When can the doctor _____ come?	Wanneer kan de dokter komen? *Vaneer kan de dokter koamen?*
I'd like to make an_____ appointment to see the doctor	Kunt u voor mij een afspraak bij de dokter maken? *Kunt-oo for maye an afspraak baye de dokter maaken?*
I've got an appointment ___ to see the doctor at...	Ik heb een afspraak met de dokter om...uur *Ik hep an afspraak met de dokter om...oor*
Which doctor/chemist _____ has night/weekend duty?	Welke doctor/apotheek heeft nachtdienst/weekenddienst? *Velka doctor/ap-oh-tayk hayft nakht-deenst/weekent-deenst?*

13.2 Patient's ailments

I don't feel well _____	Ik voel me niet goed *Ik fool ma neet khood*
I'm dizzy_____	Ik ben duizelig *Ik ben dow-ze-likh*
I'm ill_____	Ik ben ziek *Ik ben zeek*
I feel sick _____	Ik ben misselijk *Ik ben misselik*
I've got a cold_____	Ik ben verkouden *Ik ben ferkowda*
It hurts here _____	Ik heb hier pijn *Ik hep heer payen*
I've been throwing up _____	Ik heb overgegeven *Ik hep oafer-khe-khayfa*
I've got... _____	Ik heb last van... *Ik hep last fan...*
I'm running a _____ temperature of...degrees (Celsius)	Ik heb...graden koorts *Ik hep...khraaden koarts*
I've been stung by_____ a wasp	Ik ben gestoken door een wesp *Ik ben khe-stoaka doar an vesp*
I've been stung by an_____ insect	Ik ben gestoken door een insect *Ik ben khe-stoaka doar an in-sekt*
I've been bitten by _____ a dog	Ik ben gebeten door een hond *Ik ben khe-bayten doar an hont*
I've been stung by_____ a jellyfish	Ik ben gebeten door een kwal *Ik ben khe-bayten doar an kwal*
I've been bitten by _____ a snake	Ik ben gebeten door een slang *Ik ben khe-bayten doar an slang*
I've been bitten by _____ an animal	Ik ben gebeten door een beest *Ik ben khe-bayten doar an bayst*

I've cut myself _____	Ik heb me gesneden
	Ik hep ma khe-snayda
I've burned myself _____	Ik heb me gebrand
	Ik hep ma khe-brant
I've grazed myself_____	Ik heb me geschaafd
	Ik hep ma khe-skhaaft
I've had a fall _____	Ik ben gevallen
	Ik ben khe-falla
I've sprained my ankle_____	Ik heb mijn enkel verzwikt
	Ik hep mayen enkel ferzwikt
I've come for the _____	Ik kom voor de morning-after pil
morning-after pill	*Ik kom for de morning-after pill*

🖐 .3 The consultation

Wat zijn de klachten?_____	What seems to be the problem?
Hoe lang heeft u deze klachten al? _____	How long have you had these complaints?
Heeft u deze klachten al eerder gehad? __	Have you had this problem before?
Hoeveel graden koorts heeft u? _____	How high is your temperature?
Kleedt u zich uit alstublieft_____	Get undressed, please
Kunt u uw bovenlijf ontbloten? _____	Strip to the waist, please
U kunt zich daar uitkleden _____	You can undress there
Kunt u uw linkerarm/rechterarm _____	Roll up your left/right
ontbloten?	sleeve, please
Gaat u hier maar liggen _____	Lie down here, please
Doet dit pijn? _____	Does this hurt?
Adem diep in en uit _____	Breathe deeply
Doe uw mond open _____	Open your mouth

Patient's medical history

I'm a diabetic _____	Ik ben suikerpatiënt
	Ik ben sowker-pa-see-ent
I have a heart condition____	Ik ben hartpatiënt
	Ik ben hart-pa-see-ent
I'm asthmatic _____	Ik ben astmapatiënt
	Ik ben ast-ma-pa-see-ent
I'm allergic to... _____	Ik ben allergisch voor...
	Ik ben allerkhees for...
I'm...months pregnant _____	Ik ben...maanden zwanger
	Ik ben...maanden zwanger
I'm on a diet _____	Ik ben op dieet
	Ik ben op dee-ayt

I'm on medication/ _____ the pill	Ik gebruik medicijnen/de pil
	Ik khe-browk may-dee-aye-nen/de pill
I've had a heart attack _____ once before	Ik heb al eerder een hartaanval gehad
	Ik hep al eerder an hart-aanfall khehat
I've had a(n)...operation ___	Ik ben geopereerd aan...
	Ik ben khe-oparayrt aan...
I've been ill recently _____	Ik ben pas ziek geweest
	Ik ben pas zeek khe-vayst
I've got an ulcer_____	Ik heb een maagzweer
	Ik hep an maakh-zwayr
I've got my period_____	Ik ben ongesteld
	Ik ben on-khe-stelt

Bent u ergens allergisch voor? _____	Do you have any allergies?
Gebruikt u medicijnen?_____	Are you on any medication?
Volgt u een dieet? _____	Are you on a diet?
Bent u zwanger? _____	Are you pregnant?
Bent u ingeënt tegen tetanus? _____	Have you had a tetanus injection?

Het is niets ernstigs _____	It's nothing serious
U heeft uw...gebroken_____	Your ...'s broken
U heeft uw...gekneusd_____	You've got a/some bruised...
U heeft uw...gescheurd_____	You've got (a) torn...
U heeft een ontsteking _____	You've got an inflammation
U heeft een blindedarmontsteking _____	You've got appendicitis
U heeft bronchitis_____	You've got bronchitis
U heeft een geslachtsziekte_____	You've got a venereal disease
U heeft griep _____	You have the 'flu
U heeft een hartaanval gehad_____	You've had a heart attack
U heeft een infectie (virus/bacterie) _____	You've got an infection (viral-/bacterial-)
U heeft een longontsteking _____	You've got pneumonia
U heeft een maagzweer _____	You've got an ulcer
U heeft een spier verrekt _____	You've pulled a muscle
U heeft een vaginale infectie_____	You've got a vaginal infection
U heeft voedselvergiftiging _____	You've got food poisoning
U heeft een zonnesteek _____	You've got sunstroke
U bent allergisch voor... _____	You're allergic to...

Sickness

13

U bent zwanger_____	You are pregnant
Ik wil uw bloed/urine/ontlasting laten_____ onderzoeken	I'd like to have your blood/urine/stools tested
Het moet gehecht worden _____	It needs stitching
Ik stuur u door naar een specialist/het ___ ziekenhuis	I'm referring you to a specialist/sending you to hospital
Er moeten foto's gemaakt worden _____	You'll need to have some x-rays taken
U moet weer even in de wachtkamer_____ gaan zitten	Could you wait in the waiting room, please?
U moet geopereerd worden _____	You'll need an operation

The diagnosis

Is it contagious?_____	Is het besmettelijk?
	Is het be-smette-lik?
How long do I have to _____ stay...?	Hoe lang moet ik...blijven
	Hoo lang moot ik...blayefen?
How long do I have to _____ stay in bed?	Hoe lang moet ik in bed blijven?
	Hoo lang moot ik in bet blayefen?
How long do I have to _____ stay in hospital?	Hoe lang moet ik in het ziekenhuis blijven?
	Hoo lang moot ik in het zeekenhowse blayefen?
Do I have to go on _____ a special diet?	Moet ik me aan een dieet houden?
	Moot ik ma aan an dee-ayt howden?
Am I allowed to travel? ____	Mag ik reizen?
	Makh ik rayezen?
Can I make a new _____ appointment?	Kan ik een nieuwe afspraak maken?
	Kan ik an ni-oo-wa af-spraak maken?
When do I have to_____ come back?	Wanneer moet ik terugkomen?
	Vaneer moot ik terukh-koamen?
I'll come back _____ tomorrow	Ik kom morgen terug
	Ik kom morkha terukh

U moet morgen/over...dagen _____ terugkomen	Come back tomorrow/in...days' time

13 .4 Medication and prescriptions

How do I take this _____ medicine?	Hoe moet ik deze medicijnen innemen?
	Hoo moot ik day-ze maydee-sayenen in-naymen?
How many capsules/ _____ drops/injections/ spoonfuls/tablets each time?	Hoeveel capsules/injecties/ lepels/tabletten per keer?
	Hoo-fayl kap-soo-les/in-yekt-sees/laypels/tablet-ten per kayr?

How many times a day? ___	Hoeveel keer per dag?
	Hoo-fayl kayr per dakh?
I've forgotten my_____ medication. At home I take...	Ik heb mijn medicijnen vergeten. Thuis gebruik ik...
	Ik hep mayen maydee-sayenen ferkhayta. Towse khebrowk ik...
Could you make out a ____ prescription for me?	Kunt u voor mij een recept uitschrijven?
	Kunt-oo far maye an resept owt-skhrayefen?

Ik schrijf antibiotica/een drankje/een_____ kalmeringsmiddel/pijnstillers voor	I'm prescribing antibiotics/a mixture/a sedative/pain killers
U moet rust houden _____	Have lots of rest
U mag niet naar buiten_____	Stay indoors
U moet in bed blijven _____	Stay in bed

alleen voor uitwendig gebruik	gedurende...dagen for...days	...maal per etmaal ...times per day
for external use only	in zijn geheel doorslikken	om de...uur every...hours
capsules capsules	swallow whole	oplossen in water dissolve in water
de kuur afmaken finish the course	injecties injections	tabletten tablets
deze medicijnen beïnvloeden de rijvaardigheid	innemen take	voor elke maaltijd before each meal
this medication impairs your driving	insmeren rub on	zalf ointment
druppels drops	lepels (eet-/thee-) spoonfuls (table-/tea-)	

.5 At the dentist's

Do you know a good _____ dentist?	Weet u een goede tandarts?
	Vayt-oo an khooda tand-arts?
Could you make a_____ dentist's appointment for me? It's urgent	Kunt u voor mij een afspraak maken bij de tandarts? Er is haast bij
	Kunt-oo foar maye an afspraak maaken baye de tandarts? Air is haast baye
Can I come in today,_____ please?	Kan ik alstublieft vandaag nog komen?
	Kan ik als-too-bleeft fandaakh koama?
I have (terrible)_____ toothache	Ik heb (vreselijke) kiespijn
	Ik hep (frays-el-lika) keespayen
Could you prescribe/ _____ give me a painkiller?	Kunt u een pijnstiller voorschrijven/geven?
	Kunt-oo an payenstiller foarskhrayefen/khayfen?
A piece of my tooth _____ has broken off	Er is een stuk van mijn tand afgebroken
	Air is an stuk fan mayen tant af-khe-broaken
My filling's come out _____	Mijn vulling is eruit gevallen
	Mayen fulling is er-owt khe-fallen

Sickness

13

I've got a broken crown____ Mijn kroon is afgebroken
Mayen kroan is af-khe-broaka

I'd like/I don't want a _____ Ik wil wel/niet plaatselijk verdoofd worden
local anaesthetic *Ik vil wel/neet plaatselik ferdoafd vorda*

Can you do a makeshift____ Kunt u me nu op provisorische wijze
repair job? helpen?
Kunt-oo ma noo op pro-fis-or-eesa waye-za helpen?

I don't want this tooth _____ Ik wil niet dat deze kies getrokken wordt
pulled *Ik vil neet dat day-ze kees khe-trokka wort*

My dentures are broken.____ Mijn kunstgebit is gebroken. Kunt u het
Can you fix them? repareren?
Mayen kunstkhebit is khebroaken. Kunt-oo het raypar-ayren?

Welke tand/kies doet pijn? _____	Which tooth hurts?
U heeft een abces _____	You've got an abcess
Ik moet een zenuwbehandeling doen____	I'll have to do a root canal treatment
Ik ga u plaatselijk verdoven _____	I'm giving you a local anaesthetic
Ik moet deze tand/kies _____ vullen/trekken/afslijpen	I'll have to fill/pull/grind this tooth down
Ik moet boren _____	I'll have to drill
Mond open _____	Open wide, please
Mond dicht _____	Close your mouth, please
Spoelen _____	Rinse, please
Voelt u nog pijn? _____	Does it still hurt?

Sickness

In trouble

14 In trouble

14.1 Asking for help

Help! _____	Help!
	Hel-ep!
Fire! _____	Brand!
	Brant!
Police! _____	Politie!
	Poal-eet-see!
Quick! _____	Snel!
	Snel!
Danger! _____	Gevaar!
	Khe-faar!
Watch out! _____	Pas op!
	Pas op!
Stop! _____	Stop!
	Stop!
Be careful! _____	Voorzichtig!
	For-zikhtikh!
Don't! _____	Niet doen!
	Neet doon!
Let go! _____	Laat los!
	Laat los!
Stop that thief! _____	Houd de dief!
	Howt de deef!
Could you help me, _____ please?	Wilt u me helpen?
	Vilt-oo ma helpen?
Where's the police station/emergency exit/fire escape?	Waar is het politiebureau/de nooduitgang/de brandtrap?
	Vaar is het pol-eet-see boorow/de noat-owt-khang/de brant-trap?
Where's the nearest fire extinguisher?	Waar is een brandblusapparaat?
	Vaar is an brant-blus-apparaat?
Call the fire brigade! _____	Waarschuw de brandweer!
	Vaarskoow de brant-veer!
Call the police! _____	Bel de politie!
	Bel de pol-eet-see!
Call an ambulance! _____	Waarschuw een ziekenauto
	Vaarskoow an zeeken-owtoe
Where's the nearest _____ phone?	Waar is een telefoon?
	Vaar is an tay-la-foan?
Could I use your phone? _____	Mag ik uw telefoon gebruiken?
	Makh ik oow tay-la-foan khe-browken?
What's the emergency _____ number?	Wat is het alarmnummer?
	Vat is het alar-em numm-er?
What's the number for _____ the police?	Wat is het telefoonnummer van de politie?
	Vat is het tay-la-foan-numm-er fan de pol-eet-see?

14 .2 Loss

I've lost my purse/ wallet	Ik ben mijn portemonee/ portefeuille verloren
	Ik ben mayen port-ta-monnay/ port-ta-feu-y fer-loaren
I left my... yesterday	Ik ben gisteren mijn...vergeten
	Ik ben khistera mayen...fer-khayta
I left my...here (an object that "lies")	Ik heb hier mijn...laten liggen
	Ik hep mayen...laata likh-khen
I left my...here (an object that stands)	Ik heb hier mijn...laten staan
	Ik hep mayen...laata staan
Did you find my...?	Heeft u mijn...gevonden?
	Hayft-oo mayen...khe-fonden?
It was right here	Het was hier
	Het was heer
It's quite valuable	Het is zeer kostbaar
	Het is zayr kostbaar
Where's the lost property office?	Waar is het bureau gevonden voorwerpen?
	Vaar is het boo-row khe-fonden foar-verpen?

14 .3 Accidents

There's been an accident	Er is een ongeluk gebeurd
	Air is an on-khe-luk khe-boo-ert
Someone's fallen into the water	Er is iemand in het water gevallen
	Air is eemant in het vaater khe-fallen
There's a fire	Er is brand
	Air is brant
Is anyone hurt?	Is er iemand gewond?
	Is-air eemant khe-wond?
Some people have been/No one's been injured	Er zijn/Er zijn geen gewonden
	Air zayen/Air zayen khayn khe-wonden
There's someone in the car/train still	Er zit nog iemand in de auto/trein
	Air zit nokh eemant in de owtoe/trayen
It's not too bad. Don't worry	Het valt wel mee. Maakt u zich geen zorgen
	Het falt vel may. Maakt-oo zikh khayn zorkhen
Leave everything the way it is, please	Wilt u geen veranderingen aanbrengen
	Vilt-oo khayn fer-ander-inga aan-brenga
I want to talk to the police first	Ik wil eerst met de politie praten
	Ik vil ayrst met de pol-eet-see praaten
I want to take a photo first	Ik wil eerst een foto nemen
	Ik vil ayrst an foto naymen
Here's my name and address	Hier heeft u mijn naam en adres
	Heer hayft-oo mayen naam en adress
Could I have your name and address?	Mag ik uw naam en adres weten?
	Makh ik oow naam en adress vayten?
Could I see some identification/your insurance documents?	Mag ik uw identiteitsbewijs/ verzekeringspapieren zien?
	Makh ik oow ee-dent-ee-tayets-be-ways/fer-zekerings-pap-eer-en zeen?

In trouble

14

Will you act as a _____ witness?	Wilt u getuige zijn?
	Vilt-oo khetowkha zayen?
I need the details for _____ the insurance	Ik moet de gegevens weten voor de verzekering
	Ik moot de khe-khayfens wayten for de fer-zaykering
Are you insured? _____	Bent u verzekerd?
	Bent-oo fer-zaykerd?
Third party or _____ comprehensive?	WA of all risk?
	Way Ah of all risk?
Could you sign here, _____ please?	Wilt u hier uw handtekening zetten?
	Vilt-oo heer oow hant-taykening zetten?

14 .4 Theft

I've been robbed _____	Ik ben bestolen
	Ik ben be-stoala
My...has been stolen _____	Mijn...is gestolen
	Mayen...is khe-stoala
My car's been _____ broken into	Mijn auto is opengebroken
	Mayen owtoe is oapakhebroaka

14 .5 Missing person

I've lost my child/ _____ grandmother	Ik ben mijn kind/oma kwijt
	Ik ben mayen kint/oama kwayet
Could you help me _____ find him/her?	Kunt u mij helpen zoeken?
	Kunt-oo maye helpen zooken?
Have you seen a _____ small child?	Heeft u een klein kind gezien?
	Hayft-oo an klayen kint khe-zeen?
He's/she's...years old _____	Hij/zij is...jaar
	Haye/zaye is...yaar
He's/she's got _____ short/long/blond/red/ brown/black/ grey/curly/ straight/frizzy hair	Hij/zij heeft kort/lang/blond/ rood/bruin/zwart/grijs/krullend/steil/ kroezend haar
	Haye/zaye hayft kort/lang/ blont/roat/brown/zvart/khrayes/krul-lent/stayel/kroozent haar
with a ponytail _____	met een paardenstaart
	met an paardenstaart
with plaits _____	met vlechten
	met flekhten
in a bun _____	met een knotje
	met an ke-not-ya
He's/she's got _____ blue/brown/green eyes	De ogen zijn blauw/bruin/ groen
	De oa-khen zayen blough/ brown/khroo-en
He's wearing swimming ___ trunks/climbing boots	Hij draagt een zwembroekje/ bergschoenen
	Haye draagt an zvem-brook-ya/bair-ekh-skhoonen
He/she wears glasses/is___ carrying a bag	Hij/zij is met/zonder bril/tas
	Haye/zaye is met/zond-er bril/tas
tall/short_____	groot/klein
	khroat/klayen

This is a photo of	Dit is een foto van hem/haar
him/her	*Dit is an foto fan hem/haar*
He/she must be lost	Hij/zij is zeker verdwaald
	Haye/zaye is zayker fer-dwaalt

14 .6 The police

An arrest

Uw autopapieren alstublieft _____	Your vehicle documents, please
U reed te hard _____	You were speeding
U staat fout geparkeerd _____	You're not allowed to park here
U heeft de parkeermeter niet gevuld ___	Your haven't put money in the meter
Uw lichten doen het niet _____	You're lights aren't working
U krijgt een boete van... _____ guldens/franken	That's a fine of...guilders/ francs
Wilt u direct betalen? _____	Do you want to pay on the spot?
U moet direct betalen _____	You'll have to pay on the spot

I don't speak Dutch/Flemish _	Ik spreek geen Nederlands/Vlaams
	Ik sprayk khayn Nayderlants/Flaams
I didn't see the sign _____	Ik heb dat bord niet gezien
	Ik hep dat bort neet khe-zeen
I don't understand_____ what it says	Ik begrijp niet wat daar staat
	Ik be-khrayep neet vat daar staat
I was only doing..._____ kilometres an hour	Ik reed maar...kilometers per uur
	Ik rayd maar...keelo-mayters per oor
I'll have my car checked ___	Ik zal mijn auto laten nakijken
	Ik zal mayen owtoe laten na-kaye-ken
I was blinded by _____ oncoming lights	Ik werd verblind door een tegenligger
	Ik verd ferblint door an taykhen-likh-kher

At the police station

I want to report a_____ collision/missing person/rape	Ik kom aangifte doen van een botsing/een vermissing/een verkrachting
	Ik kom aan-khifte doo-en fan an bots-ing/an fermissing/an fer-krakhting
Could you give a _____ statement, please?	Wilt u een proces-verbaal opmaken?
	Vilt-oo an prosess-fer-baal op-maken?
Could I have a copy _____ for the insurance?	Mag ik een afschrift voor de verzekering?
	Makh ik an af-skhrift for de fer-zaykering?
I've lost everything _____	Ik ben alles kwijt
	Ik ben all-es kwayet
I don't have any money_____ left. I don't know what to do	Mijn geld is op, ik ben radeloos
	Mayen khelt is op, ik ben raada-loase

Could you lend me some ___ money?	Kunt u mij wat geld lenen?
	Kunt-oo maye vat khelt laynen?
I'd like an interpreter, _____ please	Ik wil graag een tolk
	Ik vil khraakh an tolk
I'm innocent _____	Ik ben onschuldig
	Ik ben on-skhuldikh

Waar is het gebeurd? _____	Where did it happen?
Wat bent u kwijt? _____	What's missing?
Wat is er gestolen? _____	What's been taken?
Mag ik uw identiteitsbewijs? _____	Could I see some identification?
Hoe laat is het gebeurd? _____	What time did it happen?
Wie waren erbij betrokken _____	Who was involved?
Zijn er getuigen? _____	Are there any witnesses?
Wilt u dit invullen alstublieft _____	Fill this in, please
Hier tekenen, alstublieft _____	Sign here, please
Wilt u een tolk? _____	Do you want an interpreter?

I don't know anything _____ about it	Ik weet nergens van
	Ik vayt nerkhens fan
I want to speak to _____ someone...	Ik wil spreken met iemand van...
	Ik vil sprayken met eemant fan...
I want to speak to _____ someone from the British/Irish consulate	Ik wil spreken met iemand van het Britse/Ierse consulaat
	Ik wil sprayken met eemant fan het Brit-se/Eer-se cons-oo-laat
I want a lawyer who _____ speaks English	Ik wil een advocaat die Engels spreekt
	Ik vil an ad-voh-kaat dee Eng-els spraykt

15

Word list

Word list English - Dutch

● **This word list is** intended as a supplement to previous chapters. In a number of cases, words not contained in this list can be found elsewhere in this book, namely alongside the diagrams of the car, bicycle, and the tent. Many food terms can be found in the Dutch–English list in 4.7.

A

100 grams	ons/honderd gram	ons/honderd khram
500 grams	pond/vijf honderd gram	pont/vayef honderd khram
AA	wegenwacht	vaykhenwakht
about (approximate)	ongeveer	on-khe-fayr
above	boven	boafa
abroad	buitenland	bowtenlant
accident	ongeluk	on-khe-luk
adder	adder	adder
addition	optelling	op-telling
address	adres	adress
adhesive tape	plakband	plak-bant
admission	toegang	too-khang
admission price	toegangsprijs	too-khangs-prayes
advice	advies	ad-vees
after	na	na
aftershave	aftershave	aftershave
afternoon	middag/'s middags	middakh/smiddakhs
again	opnieuw/weer	op-ni-oow/wayr
against	tegen	taykhen
AIDS	aids	aids
air-bed	luchtbed	luchtbet
air-conditioning	airconditioning	aircondishuning
air-sickness bag	kotszakje	kotszak-ya
aircraft	vliegtuig	fleekh-towkh
airmail, by	luchtpost, per	per lukht-posst
airport	vliegveld	fleekh-felt
alarm	alarm	al-ar-em
alarm clock	wekker	wekker
alcohol	alcohol	al-ko-hol
all the time	telkens	telkens
allergic	allergisch	aller-khees
alone	alleen	al-ayn
always	altijd	al-tayet
ambulance	ziekenauto	zeeken-owtoe
amount	bedrag	bedrakh
amusement park	pretpark	pret-park
anaesthetize	verdoven	ferdoafen
anchovy	ansjovis	an-shoa-vis
and	en	en
angry	boos	boase
animal	dier	deer
ankle	enkel	en-kel
answer	antwoord	ant-vort
ant	mier	meer
antibiotics	antibiotica	anti-bee-oatica
antifreeze	antivries	anti-frees
antique	antiek	anteek

anus	anus	*aan-us*
apartment	appartement	*ap-part-ament*
aperitif	aperitief	*aper-iteef*
apologies	excuses	*ek-skooses*
apple	appel	*appel*
apple juice	appelsap	*appel-sap*
apple pie	appeltaart	*appel-taart*
apple sauce	appelmoes	*appel-moos*
appointment	afspraak	*afspraak*
appointment, to make	afspraak maken	*afspraak ma-ken*
apricot	abrikoos	*abree-koase*
April	april	*aapril*
architecture	architectuur	*arkhi-tekt-oor*
area	omgeving	*om-khay-fing*
arm	arm	*ar-em*
arrange	afspreken	*afsprayken*
arrive	aankomen	*aankoamen*
arrow	pijl	*payel*
art	kunst	*koonst*
artery	slagader	*slakh-ader*
artichokes	artisjokken	*arti-shocken*
article	artikel	*art-eekel*
artificial respiration	kunstmatige ademhaling	*koonst-matikha aadem-haaling*
ashtray	asbak	*as-bak*
ask	vragen	*fraakhen*
asparagus	asperges	*as-pairsyes*
aspirin	aspirine	*as-pir-eene*
assault	aanranding	*aanranding*
at home	thuis	*towse*
at night	's avonds	*safonts*
at once	meteen	*ma-tayn*
at the back	achterin	*akhterin*
at the front (theatre)	vooraan	*foar-aan*
at the front (car)	voorin	*foar-in*
at the latest	uiterlijk	*owter-lik*
aubergine	aubergine	*oa-ber-syean*
August	augustus	*aug-ust-us*
automatic	automatisch	*owtoe-matees*
automatic (car)	automaat (auto)	*owtoe-mat/owtoe*
autumn	herfst	*her-efst*
awake	wakker	*wakker*
awning	zonnescherm	*zonne-skherm*
baby	baby	*baybee*
baby food	babyvoeding	*baybee-fooding*
baby-sitter	babyoppas	*baybee-op-pass*
back	rug	*rukh*
backpack	rugzak	*rukh-zak*
bacon	spek	*spek*
bad (accident, illness)	erg	*er-ekh*
bad (weather, service)	slecht	*slekht*
bag (large)	tas	*tas*
baker	bakker	*bakker*
balcony	balkon	*balkon*
ball	bal	*bal*
ballet	ballet	*bal-et*
banana	banaan	*banaan*

bandage	verband	*ferbant*
bank	bank	*bank*
bank (river/canal)	oever	*oofer*
bank card	bankpasje	*bank-pas-ya*
bar	bar/café	*bar/ka-fay*
bar (counter)	bar	*bar*
barbecue	barbecue	*bar-be-kyoo*
basketball, to play	basketballen	*basket-ballen*
bath	bad	*bat*
bath attendant	badmeester	*bat-mayster*
bath foam	badschuim	*bat-skh-owa-m*
bath towel	badhandoek	*bat-hantdook*
bathing cap	badmuts	*bat-muts*
bathing cubicle	badhokje	*bat-hok-ya*
bathing costume	badpak	*bat-pak*
bathroom	badkamer	*bat-kaam-er*
battery (car)	accu	*ack-oo*
battery (camera)	batterij	*batter-aye*
be bored	vervelen, zich	*zikh ferfaylen*
be in love with	verliefd zijn op	*ferleefd zayen op*
be lost	verdwalen	*ferdwalen*
be missing	ontbreken	*ontbrayken*
be mistaken	vergissen	*ferkhissen*
beans	bonen	*boanen*
beautiful	mooi	*mow-ee*
beauty parlour	schoonheidssalon	*skhoan-hayet-saalon*
bed	bed	*bet*
bee	bij	*baye*
beef	rundvlees	*runt-flayse*
beer	bier	*beer*
beetroot	biet, rode	*roada beet*
begin	beginnen	*bekhinnen*
beginner	beginner	*bekhinner*
behind	achter	*akhter*
Belgian (adj)	Belgische	*belkh-eese*
Belgian (n)	Belg	*belkh*
Belgium	België	*belkh-ee-a*
belt	riem	*reem*
bench	bank	*bank*
berth	couchette	*kooshette*
better	beter	*bayter*
bicarb	zuiveringszout	*zowferings-zowt*
bicycle	fiets/rijwiel	*feets/raye-weel*
bikini	bikini	*bik-ini*
bill	rekening	*ray-ken-ing*
birthday	verjaardag	*fer-yaar-dakh*
biscuit	koekje	*kook-ya*
biscuits	koekjes	*kook-yas*
bite	bijten	*bayeten*
bitter	bitter	*bit-ter*
black	zwart	*zwart*
bland	flauw	*fl-ough*
blanket	deken	*dayken*
bleach	blonderen	*blond-ayren*
blister	blaar	*blaar*
blonde	blond	*blond*
blood	bloed	*blood*

Word list

15

English	Dutch	Pronunciation
blood pressure	bloeddruk	*blooddruk*
bloody nose	bloedneus	*bloodn-eu-s*
blouse	blouse	*bloos*
blow-dry	föhnen	*f-eu-nen*
blue	blauw	*bl-ough*
blunt (knife)	bot (mes)	*bot (mess)*
boat	boot	*boat*
body	lichaam	*likhaam*
body milk	bodymilk	*bodymil-ek*
boil	water koken	*vaater koaken*
boiled	gekookt	*khe-koakt*
bonbon	bonbon	*bonbon*
bone	bot	*bot*
bonnet	motorkap	*motorkap*
book (a seat/table)	reserveren	*reser-vayren*
book (n)	boek	*book*
book (v)	bespreken	*be-sprayken*
booked	gereserveerd	*khe-reser-vayrt*
booking office	bespreekbureau	*be-sprayk-booroa*
bookshop	boekhandel	*book-handel*
border	grens	*khrens*
boring	saai	*saaye*
born	geboren	*kheboren*
borrow	lenen van	*laynen fan*
botanical garden	botanische tuin	*botan-ische town*
both	allebei	*all-e-baye*
bottle	fles	*fless*
bottle-warmer	flessenwarmer	*flessen-varmer*
box	doos	*doase*
box (theatre)	loge	*lozya*
boy	jongen	*yongen*
bra	beha	*bay-haa*
bracelet	armband	*ar-em-bant*
braised	gestoofd	*khe-stoafd*
brake	rem	*rem*
brake fluid	remvloeistof	*rem-floo-ee-stof*
brake oil	remolie	*rem-oalee*
brass	(geel-) koper	*(khayl-) koaper*
bread	brood	*broat*
break (a leg)	(een been) breken	*(an bayn) brayken*
breakfast	ontbijt	*ontbayet*
breast	borst	*borst*
briefs	broekje/slipje	*brook-ya/slip-ya*
bring	brengen	*brengen*
brochure	brochure	*brosh-oora*
broken	stuk/kapot	*stuk/kapot*
broth (soup)	bouillon (soep)	*bool-yon (soup)*
brother	broer	*broo-er*
brown	bruin	*brown*
bruise	kneuzen	*ke-neuzen*
brush	borstel	*borstel*
Brussels sprouts	spruitjes	*sprowt-yas*
bucket	emmer	*em-mer*
bug	beestje	*bayst-ya*
bugs	ongedierte	*on-khe-deer-ta*
building	gebouw	*khebough*
buoy	boei	*boo-ee*

bureau de change	wisselkantoor	visselkantoor
burglary	inbraak	inbraak
burn (v)	branden	branden
burn (n)	brandwond	brantwont
burnt	aangebrand	aankhebrant
bus (service)	bus (lijndienst)	bus (layen-deenst)
bus station	busstation	bus-stasyon
bus stop	bushalte	bus-halte
business class	business class	business class
business trip	zakenreis	zaakenrayes
busy	druk	druk
butter	boter	boater
buttered roll	gesmeerd broodje	khe-smeert broat-ya
button	knoop (on coat)/ knop(je)	ke-noap/ke-nop-ye
buy	kopen	koapen

C

cabbage	kool	koal
cabin	hut (on board ship)	hut
café	café	kaf-fay
cake (slice)	gebakje	khe-bak-ya
cake (whole)	taart	taart
cake shop	banketbakkerij	banket-bak-er-aye
call	telefoneren	taylafoan-ayren
camera (mostly video)	camera	kam-era
camera (photo)	fototoestel	foto-toostel
camp	kamperen	kamp-ayren
camp fire	kampvuur	kamp-foor
camp shop	kampwinkel	kamp-vinkel
camp site	camping	kemping
camping gas (butane)	campinggas (butaan)	kemping-khaz (bootaan)
camping gas (propane)	campinggas (propaan)	kemping-khaz (proapaan)
camping guide	kampeergids	kampayrkhids
camping permit	kampeervergunning	kampayr-fer-khunning
canal trip boat	rondvaartboot	rond-faart-boat
cancel	annuleren	an-noo-layren
candle	kaars	kaars
canoe (n)	kano	kanoa
canoe (v)	kanoën	kanoa-en
car	auto/wagen	owtoe/vaakhen
car deck	autodek	owtoe-dek
car documents	autopapieren	owtoe-papeeren
car seat	autozitje	owtoe-zit-ya
car trouble	pech/motorpech	pekh/motorpekh
carafe	karaf	kar-af
caravan	caravan	ker-ef-an
cardigan	vest	vest
careful	voorzichtig	forzikhtikh
carrot	wortel	vortel
cartridge	cassette (foto)	kas-set-ta
cascade	waterval	vaaterval
cash desk	kassa	kassa
casino	casino	kas-eeno

Word list

15

117

cassette	cassette	*kas-set-ta*
castle	kasteel	*kas-tayl*
cat	poes	*poos*
catalogue	catalogus	*kat-al-oa-khus*
cathedral	kathedraal	*kat-a-dral*
cauliflower	bloemkool	*bloom-koal*
cave	grot	*khrot*
CD	cd	*say-day*
celebrate	feestvieren	*fayst-feeren*
cemetery	kerkhof	*kerk-hof*
centimetre	centimeter	*senti-mayter*
central heating	centrale verwarming	*sentrale- ferwarming*
centre	in het midden	*in het midden*
centre (town)	centrum	*sentrum*
chair	stoel	*stool*
chambermaid	kamermeisje	*kamer-mays-ya*
chamois leather	zeem	*zaym*
champagne	champagne	*sham-pan-ya*
change (trains)	overstappen	*oaferstappa*
change (plans)	wijzigen	*wayezikhen*
change (back)	wisselgeld/geld terug	*visselkhelt/khelt terukh*
change (money)	wisselen	*vissela*
change the baby's nappy	baby verschonen	*bayby ferskhoanen*
change the oil	olie verversen	*oalee ferfersen*
chapel	kapel	*ka-pel*
charter flight	chartervlucht	*sharter-flucht*
chat up	versieren	*fer-seeren*
check	controleren	*controlayren*
check in	inchecken	*inshecken*
cheers	proost	*proast*
cheese, tasty/mild	kaas, oude/jonge	*kaas, oud-a/yong-a*
chef	chef	*shef*
chemist (dispensing)	apotheek	*apotayk*
chemist (not dispensing)	drogist	*droa-khist*
cheque	cheque	*sheck*
cherries	kersen	*kairsen*
chewing gum	kauwgum	*kough-khum*
chicken	kip	*kip*
chicory	witlof	*vitlof*
child	kind	*kint*
child's cycle seat	fietszitje	*feetszit-ya*
chilled	gekoeld	*khe-koolt*
chin	kin	*kin*
chips	patates frites	*pat-at freet*
chocolate	chocolade	*shoa-ko-laa-de*
choose	kiezen	*keezen*
chop	kotelet	*kot-e-let*
church	kerk	*kerk*
church service	kerkdienst	*kerk-deenst*
cigar	sigaar	*sikhaar*
cigar shop	sigarenwinkel	*sikhaar-ren-vinkel*
cigarette	sigaret	*sikhar-ret*
cigarette carton	slof cigaretten	*slof sikhar-etta*
cigarette paper	vloei	*floo-ee*
cine camera	film camera	*fil-em kam-era*
circle	cirkel	*sirkel*

circle (theatre)	balkon	bal-kon
circus	circus	sirkus
city	(groot) stad	(khroat) stat
classical concert	klassiek concert	klasseek konsairt
clean	schoon	skhoan
clear	duidelijk	dowdelik
clearance	opruiming	op-rowming
climbing boots	bergschoenen	berkhskhoonen
closed	dicht	dikht
closed off (road)	afgesloten (rijweg)	af-khe-sloaten (raye-vekh)
clothes	kleren	klayren
clothes hanger	kleerhanger	klayrhanger
clothes peg	wasknijper	was-ke-nayeper
clothing	kleding	klayding
clothing size	maat (kleding)	maat
coach	bus (touringcar)	bus (tooringcar)
coat	jas	yas
cockroach	kakkerlak	kakkerlak
cod	kabeljauw	kabel-yough
coffee	koffie	koffee
coffee filter	koffiefilter	koffee-filter
cognac	cognac	kon-yak
cold (adj)	koud	kowt
cold (n)	verkoudheid	ferkowt-hayet
cold cuts	vleeswaren	flaysvaren
collarbone	sleutelbeen	sl-eu-telbayn
colleague	collega	koll-aykha
collision	aanrijding/ botsing	an-raye-ding/ botsing
cologne	eau de toilette	oa-de-twa-let
colour	kleur	kl-eu-r
colour pencils	kleurpotloden	kl-eu-r-pot-loaden
colour tv	kleuren-tv	kl-eu-ren-tay-fay
colouring book	kleurboek	kl-eu-r-book
comb	kam	kam
come	komen	koamen
come back	terugkomen	terukh-koamen
communion (mass)	mis	miss
compartment	coupé	coup-ay
complaint	klacht	klakht
complaints book	klachtenboek	klakhtenbook
completely	helemaal	hay-le-maal
compliment	compliment	komp-lee-ment
compulsory	verplicht	ferplikht
concert	concert	konsairt
concert hall	concertgebouw	konsairt-khebow
concussion	hersenschudding	hersenskhudding
condensed milk	koffiemelk	koffee-mel-ek
condom	condoom	kondoam
congratulate	feliciteren	fay-lis-itayren
connection	verbinding	ferbinding
constipation	constipatie	konstipaatsee
consulate	consulaat	konsoolaat
consultation	consultatie	konsult-aasee
contact lens	contactlens	kontaktlens
contact lens solution	contactlensvloeistof	kontaktlens-floo-ee-stof

contagious	besmettelijk	*be-smet-a-lik*
contraceptive	voorbehoedmiddel	*foar-behood-middel*
contraceptive pill	anticonceptiepil	*anti-konsept-see-pill*
cook (n)	kok	*kok*
cook (v)	eten koken	*ayten koaka*
cookies	koekjes	*kook-yas*
copper	(rood-) koper	*(road-) koaper*
copy	kopie	*kopee*
corkscrew	kurkentrekker	*kurken-trekker*
corner	hoek	*hook*
cornflour	maïzena	*may-ee-zayna*
correct	correct	*korrekt*
correspond	corresponderen	*korrespondayren*
corridor	gang	*khang*
costume	kostuum	*kostoom*
cot	kinderbedje	*kinderbet-ya*
cotton	katoen	*katoon*
cotton wool	watten	*vatten*
cough	hoest	*hoost*
cough mixture	hoestdrank	*hoostdrank*
counter	balie	*baal-ee*
country	land	*lant*
country code	landnummer	*lant-nummer*
countryside	platteland	*plat-a-lant*
courgette	courgette	*koor-syette*
course	kuur	*koor*
cousin (female)	nicht	*nikht*
cousin (male)	neef	*nayf*
crab	krab	*krab*
cream (hands)	crème	*krem*
cream (milk)	room	*roam*
credit card	creditcard	*creditcard*
crisps	chips	*ships*
croissant	croissant	*kwassant*
cross the road	oversteken	*oaferstayka*
crossing (road)	kruispunt	*krowsepunt*
crossing (ferry)	overtocht	*oafertocht*
cry	huilen	*howlen*
cubic metre	kubieke meter	*koo-beek-a mayter*
cucumber	komkommer	*kom-kommer*
cuddly toy	knuffelbeest	*ke-nuffel-bayst*
cuff links	manchetknopen	*manshet-ke-nopen*
culottes	broekrok	*brook-rok*
cup	kopje	*kop-ya*
curly	krullend	*krullent*
current (water)	stroming	*stroaming*
cushion	kussentje	*kus-sent-ya*
custard	vla	*fla*
customary	gebruikelijk	*khe-brow-kelik*
customs	douane	*doo-an-a*
customs check	douanecontrole	*doo-an-a-kontrola*
cut (scissors)	knippen	*ke-nippen*
cut (knife)	snijden	*snaye-den*
cutlery	bestek	*bestek*
cycle	fiets/rijwiel	*feets/raye-weel*
cycle pump	fietspomp	*feets-pomp*

| cycle repairer | fietsenmaker | feetsenmaker |
| cycling | fietsen | feetsen |

D

dairy	zuivel	zowvel
damaged	beschadigd	be-skhadikht
dance	dansen	dansa
dandruff	roos	roas
danger	gevaar	khe-faar
dangerous	gevaarlijk	khe-faar-lik
dark	donker	donker
date	afspraakje	af-spraak-ya
daughter	dochter	dokhter
day	dag	dakh
day after tomorrow	overmorgen	oafermorkha
dead	dood	doat
decaffeinated	cafeïnevrij	ca-fay-ee-na-vraye
December	december	day-sember
deck chair	strandstoel	strant-stool
declare (for customs)	aangeven (bij douane)	aan-khayfen (baye doo-an-a)
deep	diep	deep
deep-sea diving	diepzeeduiken	deepzay-dowken
deep-freeze	diepvries	deepfrees
degrees	graden	khraden
delay	vertraging	fertrakhing
delicious	voortreffelijk	foar-treffelik
dentist	tandarts	tand-arts
dentures	kunstgebit	kunst-khebit
deodorant	deodorant	day-oaderant
department	afdeling	af-dayling
department store	warenhuis	varen-howse
departure	vertrek	fertrek
departure time	vertrektijd	fertrek-tayet
depilatory cream	ontharingscrème	onthaarings-krem
deposit	in bewaring	in be-vaaring
deposit (n)	borgsom	borkh-som
dessert	dessert	dess-air
destination	bestemming	bestemming
develop	ontwikkelen	ontvikkela
diabetic	suikerpatiënt	sowker-pas-ee-ent
dial	(nummer) draaien	(nummer) draay-en
diamond	diamant	dee-a-mant
diarrhoea	diarree	dee-a-ray
dictionary	woordenboek	woardenbook
diesel	diesel	dee-sel
diesel oil	dieselolie	deesel-oalie
diet	dieet	dee-ayt
difficulty	moeilijkheid	moo-ee-lik-hayet
dine	dineren	deen-ayren
dining room	eetzaal	ayt-zaal
dining/buffet car	restauratiewagen	restoraat-see vagon
dinner (informal)	avondeten	afont-ayta
dinner (formal)	diner	din-ay
dinner jacket	smoking	smoking
direction	richting	rikhting
directly	rechtstreeks	rekht-strayks

dirty	vies	fees
disabled	invalide	in-fal-eeda
disco	disco	disco
discount	korting	korting
dish	gerecht	khe-rekht
dish of the day	dagschotel	dakh-skhoatel
disinfectant	ontsmettingsmiddel	ont-smettings-middel
distance	afstand	af-stant
distilled water	gedistilleerd water	khe-dis-still-ayrt vaater
disturb	storen	stoaren
disturbance	storing	stoaring
dive	duiken	dowken
diving	duiksport	dowksport
diving board	duikplank	dowkplank
diving gear	duikuitrusting	dowk-owt-rusting
divorced	gescheiden	khe-skhaye-den
DIY shop	doe-het-zelfzaak	doo-het-zelf-zaak
dizzy	duizelig	dowzelikh
do	doen	doon
doctor	arts/dokter	arts/dokter
dog	hond	hont
doll	pop	pop
domestic (flight)	binnenlands (vlucht)	binna-lants (flucht)
done	gaar	khaar
door	deur	d-eu-r
double	tweepersoons	tway-persoans
down	(naar) beneden	(naar) benayda
draught	tocht	tokht
draughts, to play	dammen	damma
dream	dromen	droama
dress	jurk	yurk
dressing gown	ochtendjas	ochtend-yas
drink (n)	drankje	drank-ya
drink (v)	drinken	drinken
drinking chocolate (cold)	koude choco lademelk	kowda syoa-ko-laa-de-mel-ek
drinking chocolate (hot)	warme chocolademelk	varma syoa-ko-laa-de-mel-ek
drinking water	drinkwater	drinkwater
drive	rijden (in auto)	rayeden (in owtoe)
driver	chauffeur	show-f-eu-r
driving licence	rijbewijs	raye-be-wayes
drought	droogte	droakhte
dry	droog	droakh
dry (v)	drogen	droakhen
dry-clean	stomen	stoamen
dry-cleaner's	stomerij	stoamer-aye
dry shampoo	droogshampoo	droakh-shampoa
dummy	fopspeen	fop-spayn
during	tijdens	taye-dens
during the day	overdag	oafer-dakh
Dutch (female)	Nederlandse	Nay-der-lantse
Dutch (male)	Nederlander	Nay-der-lander
Dutch National Health	ziekenfonds	zeeken-fonts

E

ear	oor	oar
eardrops	oordruppels	oar-drupples
ear, nose, and throat specialist (ENT)	keel-, neus-, en oorarts	kayl-, n-eu-s, en oar-arts
earache	oorpijn	oar-payen
early	vroeg	frookh
earrings	oorbellen	oar-bellen
earth	aarde (grond)	aarda (khront)
earthenware	aardewerk	aardaverk
east	oost	oast
easy	gemakkelijk	khe-mak-kelik
eat	eten	ayten
eczema	eczeem	ek-zaym
eel	paling	pa-ling
egg	ei	aye
elastic band	elastiekje	elas-teek-ya
electric	elektrisch	elektrees
electricity	stroom	stroam
embassy	ambassade	ambassaade
emergency brake	noodrem	noat-rem
emergency exit	nooduitgang	noat-owt-khang
emergency number	alarmnummer	alar-em-nummer
emergency phone	praatpaal	praat-paal
emergency triangle	gevarendriehoek	khe-faaren-dree-hook
emery board	nagelvijl	nakhel-vayel
empty	leeg	laykh
engaged	bezet	be-zet
engaged (on phone)	in gesprek	in khe-sprek
English	Engels	Eng-els
enjoy	genieten	khe-neeten
entertainment guide	uitgaanskrant	owt-khaans-krant
envelope	envelop	en-vel-op
escort	escortguide	eskort-gayd
evening	avond	afont
evening wear	avondkleding	afont-klayding
event	evenement	ay-vena-ment
everything	alles	al-les
everywhere	overal	oafer-al
examine (medical)	onderzoeken (medisch)	onder-zooken (maydees)
excavation	opgravingen	op-khrafingen
excellent	uitstekend	owt-staykent
exchange	ruilen	row-len
exchange office	wisselkantoor	vissel-kantoor
exchange rate	geldkoers/ wisselkoers	khelt-koors/ visselkoors
excursion	excursie	eks-kur-see
exhibition	tentoonstelling	ten-toan-stelling
exit	uitgang	owt-khang
expenses	onkosten	on-kosten
expensive	duur	doo-er
explain	uitleggen	owt-lekh-ken
express	sneltrein	snel-trayen
external	uitwendig	owt-wendikh
eye	oog	oakh
eye drops	oogdruppels	oakh-druppels

eyeshadow	oogschaduw	*oakh-skhadoow*
eye specialist	oogarts	*oakh-arts*
eyeliner	eyeliner	*eyeliner*

F

face	gezicht/gelaat	*khe-zikht/khe-laat*
factory	fabriek	*fab-reek*
fair	kermis	*kair-mis*
fall	vallen	*falla*
family	gezin	*khe-zin*
famous	beroemd	*be-roomt*
far away	ver weg	*fer vekh*
farm	boerderij	*boo-er-der-aye*
farmer	boer	*boo-er*
farmer's wife	boerin	*boo-erin*
fashion	mode	*moada*
fast	snel	*snel*
father	vader	*faa-der*
fault	schuld	*skhuld*
fax (v)	faxen	*fax-en*
February	februari	*feb-roo-aree*
feel	voelen	*foolen*
feel like	zin hebben	*zin hebba*
fence	hek	*hek*
ferry	pont/veer	*pont/vayr*
fever	koorts	*koarts*
fill (tooth)	(kies) vullen	*(kees) fullen*
fill out	invullen	*in-fullen*
filling (tooth)	(kies) vulling	*(kees) fulling*
film (cinema)	film	*fil-em*
film (camera)	fotorolletje	*foto-roll-etya*
filter	filter	*filt-er*
find	vinden	*finden*
fine	bekeuring	*be-k-eu-ring*
finger	vinger	*finger*
fire (emergency)	brand	*brant*
fire (in fireplace)	vuur	*foor*
fire brigade	brandweer	*brant-vayr*
fire escape	brandtrap	*brant-trap*
fire extinguisher	brandblusapparaat	*brant-bluss-aparaat*
first	eerste	*ayrste*
first aid	eerste hulp	*ayrste hulp*
first class	eerste klas	*ayrste klas*
fish (n)	vis	*fis*
fish (v)	vissen	*fissen*
fishing rod	hengel	*hengel*
fit	passen/de goede maat zijn	*passen/de khooda maat zayen*
fitness centre	fitnesscentrum	*fitness-sentrum*
fitness training	fitnesstraining	*fitness-training*
fitting room	paskamer	*pas-kaamer*
fix (repair)	maken	*maaken*
fix (tyre)	(band) plakken	*(bant) plakken*
flag	vlag	*flakh*
Flanders	Vlaanderen	*Flaandera*
flash bulb	flitslampje	*flits-lamp-ya*
flash cube	flitsblokje	*flits-blok-ya*

Word list

15

English	Dutch	Pronunciation
flash gun	flitser	flits-er
flat	flat	flet
flea market	vlooienmarkt	floo-yen-markt
Fleming	Vlaming	Flaaming
Flemish	Vlaamse	Flaamse
flight	vlucht	flukht
flight number	vluchtnummer	flukhtnummer
flood	overstroming	oafer-stroaming
floor	etage/verdieping	aytaazye/fer-deeping
flounder	bot	bot
flour	meel	mayl
flu	griep	khreep
fly (aircraft)	vliegen	fleekhen
fly (insect)	vlieg	fleekh
fly-over	viaduct	vee-aaduct
fog	mist	mist
foggy	misten	misten
folding caravan	vouwcaravan	fow-ker-e-fan
folkloristic	folkloristisch	folk-lor-istees
follow	volgen	fol-khen
food	levensmiddelen	layfensmiddelen
food	voedsel	foodsel
food poisoning	voedselvergiftiging	foodsel-ferkhiftikhing
foot	voet	foot
football	voetballen, het	footballen, het
for	voor	for
for hire	te huur	te hoor
forbidden	verboden	ferboaden
forehead	voorhoofd	foar-hoaft
foreign	buitenlands	bowtenlants
forget	vergeten	fer-khayt-en
fork	vork	for-ek
form	formulier	form-oo-leer
fort	fort	fort
forward	doorsturen	doar-stooren
fountain	fontein	fontayn
frame	montuur	montoor
franc	frank	frank
free (without charge)	gratis	khratis
free (available)	vrij	fraye
free time	vrije dag	fraya-dakh
freeze	vriezen	freezen
French	Frans	Frans
French bread	stokbrood	stokbroad
fresh	vers	fers
Friday	vrijdag	fraye-dakh
fried	gebakken	khe-bakken
fried egg	spiegelei	speekhel-aye
friend	vriend	freent
friendly	vriendelijk	freendelik
frightened	bang	bang
fringe	pony	ponny
fruit	fruit	frowt
fruit juice	vruchtensap	frukhtensap
frying pan	koekenpan	kookenpan
full	vol	fol
fun	plezier	plezeer

Word list

15

125

G

gallery	galerie	khaleree
game	spelletje	spell-et-ya
garage	garage	khara-zya
garden	tuin	town
gastro-enteritis	maag- en darmstoornis	maakh en dar-em-stoornis
gauze	verbandgaas	ferbant-khaaz
gear	versnelling	fersnelling
gel	gel	zyel
German	Duits	Dowts
get married	trouwen	trowen
get off	uitstappen	owtstappen
gift	geschenk	khe-skhenk
gilt	verguld	fer-khult
ginger	gember	khember
girl	meisje	mayes-ya
girlfriend	vriendin	freendin
giro card	giropasje	kheero-pass-ya
giro cheque	girobetaalkaart	kheero-betaal-kaart
glacier	gletsjer	khlets-yer
glass	glas	khlas
glasses (spectacles)	bril	bril
glide	zweefvliegen	zwayf-fleekhen
glove	handschoen	hant-skhoon
glue	lijm	layem
gnat	mug	mukh
go	gaan	khaan
go back	teruggaan	terukh-khan
go out	uitgaan	owt-khan
goat's cheese	geitenkaas	khey-ten-kaas
gold	goud	khowd
golf course	golfbaan	kholf-baan
gone	weg	vekh
good afternoon	goedemiddag	khooda-middakh
good evening	goedenavond	khooda-afont
good morning	goedemorgen	khooda-morkha
good night	goedenacht	khooda-nakht
goodbye (n)	afscheid	af-skhayet
goodbye	dag/tot ziens	dakh/tot zeens
gram	gram	khram
grandchild	kleinkind	klayen-kint
grandfather	opa	oapa
grandmother	oma	oama
grape juice	druivensap	drowfen-sap
grapefruit	grapefruit/ pompelmoes	grapefroot/pompel-moos
grapes	druiven	drowfen
grass	gras	khras
grave	graf	khraf
grease	vet	fet
green	groen	khroon
green card	groene kaart	kroona kaart
greet	begroeten	be-khrooten
grey	grijs	khrayes
grill	grillen	khrillen
grilled	geroosterd	khe-roastert

grocer	kruidenier	*krowdeneer*
ground	grond	*khront*
group	groep	*khroop*
guide	gids	*khids*
guided tour	rondleiding	*ront-layeding*
guilder	gulden	*khulden*
gynaecologist	vrouwenarts	*frowenarts*

H

hair	haar	*haar*
hair spray	haarlak	*haarlak*
hairbrush	haarborstel	*haarborstel*
hairdresser (women's/ men's)	kapper (dames/ heren)	*kapper (daam-es/hayr-en)*
hairpins	haarspelden	*haar-spelden*
half	helft	*hel-eft*
half full	halfvol/halfleeg	*hal-ef-fol/hal-ef-laykh*
ham, boiled	gekookte ham	*khe-koakta ham*
ham, raw	rauwe ham	*row-a ham*
hammer	hamer	*haamer*
hand	hand	*hant*
hand brake	handrem	*hant-rem*
handbag	handtas	*hant-tas*
handkerchief	zakdoek	*zakdook*
handmade	handgemaakt	*hand-khe-maakt*
happy	blij	*blaye*
harbour	haven	*haafen*
hard	hard	*hard*
hat	hoed	*hood*
hat (woollen)	muts	*muts*
have one's birthday	jarig zijn	*yarikh zayen*
hay fever	hooikoorts	*hoy-ee-koarts*
hazelnut	hazelnoot	*ha-zel-noat*
head	hoofd	*hoaft*
headache	hoofdpijn	*hoaft-payen*
health	gezondheid	*khe-zont-hayt*
health food shop	horen	*hoaren*
hear	verstaan	*ferstaan*
hearing aid	gehoorapparaat	*khe-hoar-aparaat*
heart	hart	*hart*
heating	verwarming	*fer-varming*
heavy	zwaar	*zwaar*
heel	hak	*hak*
hello	dag/hallo	*dakh/hallo*
helmet	helm	*hel-em*
help (v)	helpen	*helpen*
help (n)	hulp	*hul-ep*
helping	portie	*por-see*
herbal tea	kruidenthee	*krowden-tay*
herbs	kruiden	*krowden*
here	hier	*heer*
here you are (in response)	alstublieft	*als-too-bleeft*
herring	haring	*haaring*
high	hoog	*hoakh*
high tide	vloed	*floo-ed*
highchair	kinderstoel	*kinder-stool*

Word list

15

127

hiking	wandelsport	*vandel-sport*
hiking trip	trektocht	*trek-tokht*
hip	heup	*h-eu-p*
hire	huren	*hoo-ren*
hitchhike	liften	*liften*
hobby	hobby	*hobby*
hold-up (robbery)	overval	*oafer-fal*
holiday (festival)	feestdag	*fayst-dakh*
holiday (vacation)	vakantie	*vak-ant-see*
holiday home	(vakantie-) huisje	*(vak-ant-see-) howse-ya*
holiday park	bungalowpark	*bun-khalow-par-ek*
Holland	Nederland	*Nayderlant*
homesickness	heimwee	*hayemvay*
honest	eerlijk	*ayrlik*
honey	honing	*hoaning*
horizontal	horizontaal	*horizontaal*
horrible	afschuwelijk	*af-skhoo-wa-lik*
horse	paard	*paart*
hospital	ziekenhuis	*zeekenhowse*
hospitality	gastvrijheid	*khast-fraye-hayet*
hot	pikant	*pee-kant*
hot	warm	*var-em*
hotel	hotel	*hoatel*
hot-water bottle	kruik	*krow-k*
hour	uur	*oor*
house	huis	*howse*
household items	huishoudelijke artikelen	*howse-howd-a-lika artee-ke-len*
Houses of Parliament	parlementsgebouw	*parlements-khebough*
housewife	huisvrouw	*howse-frough*
how far?	hoe ver?	*hoo-fair?*
how long?	hoe lang?	*hoo lang?*
how much?	hoeveel?	*hoo-fayl?*
how?	hoe?	*hoo*
hungry, be	honger hebben	*hong-er hebben*
hurricane	orkaan	*orkaan*
hurry	haast	*haast*
husband	echtegenoot/man	*ekht-khe-noat/man*
hut	hut	*hut*
hyperventilation	hyperventilatie	*heeper-fen-tilaat-see*

I

ice cubes	ijsblokjes	*ayes-blok-yas*
ice skate	schaatsen	*skhaatsen*
ice-cream	ijs	*ayes*
idea	idee	*eeday*
identification	identiteitsbewijs	*eedentitayets-bevayes*
identify	identificeren	*eedentifisayren*
ignition key	contactsleutel	*kontakt-sl-eu-tel*
ill	ziek	*zeek*
illness	ziekte	*zeek-ta*
imagine (something)	zich voorstellen (iets)	*zikh foar-stellen*
immediately	onmiddelijk	*on-middelik*
import duty	invoerrechten	*infoor-rechten*
impossible	onmogelijk	*on-moa-khelik*
in	in	*in*

in the evening	's avonds	safonts
in the morning	's morgens	smorkhens
included	inclusief	in-kloose-eef
indicate	aanwijzen	aanwaye-zen
indicator	richtingaanwijzer	rikhting-aanwaye-zer
industrial art	kunstnijverheid	kunst-naye-ferhayet
inexpensive	goedkoop	khood-koap
infection, bacterial/viral	infectie, bacterie-/ virus-	infect-see, bactayree/veerus
inflammation	ontsteking	ont-stayking
information	informatie	inform-aat-see
information office	inlichtingenbureau	inlikhting-en-boorow
injection	injectie	in-yekt-see
injured	gewond	khe-wont
inner ear	binnenoor	binnen-oar
inner tube	binnenband	binnen-bant
innocent	onschuldig	on-skhuldikh
insect	insect	in-sect
insect bite	insectebeet	insecta-bayt
insect repellent	muggenolie	mukh-khen-oalie
inside	binnen	binnen
insole	inlegzool	inlekh-zoal
instructions	gebruiksaanwijzing	khe-browkse- aanwaye-zing
insurance	verzekering	fer-zaykering
intermission	pauze	powze
international	internationaal	inter-nashun-al
interpreter	tolk	tol-ek
intersection	kruising	krowse-ing
introduce oneself	zich voorstellen aan	zikh forstellen aan
invite	uitnodigen	owt-noadikhen
iodine	jodium	yoadium
Irish	Ierse	Eerse
iron (metal)	ijzer	ayezer
iron (for ironing)	strijkbout	strayek-bowt
iron (v)	strijken	straye-ken
ironing board	strijkplank	strayek-plank
island	eiland	eye-lant
Italian	Italiaans	Ital-ee-aans
itch	jeuk	y-eu-k
item of clothing	kledingstuk	klayding-stuk

J

jack	krik	krik
jacket	jasje	yas-ya
jam	jam	syem
January	januari	yanoo-aree
jaw	kaak	kaak
jellyfish	kwal	kwal
jeweller	juwelier	yoowel-eer
jewellery	sieraden	seeraaden
jog	joggen	yokhen
joke	grap	khrap
juice	sap	sap
July	juli	yoolee
jumble sale	rommelmarkt	rommelmarkt
jump leads	startkabels	start-kaa-bels

Word list

15

jumper	trui	tr-owa
June	juni	yoonee

K

key	sleutel(tje)	sl-eu-tel(tya)
kilo	kilo	keelo
kilometre	kilometer	keelo-mayter
king	koning	koaning
kiss (n)	kus	kus
kiss (v)	kussen	kus-sen
kitchen	keuken	k-eu-ken
knee	knie	ke-nee
knee socks	kniekousen	ke-nee-kowse-en
knife	mes	mes
knit	breien	braye-en
know	weten	wayten

L

lace	kant	kant
lace (shoe)	veter	fayter
lake	meer, het	mayr, het
lamp	lamp	lamp
land (v)	landen	landen
lane	rijstrook	raye-stroak
language	taal	taal
large	groot	khroat
last (at the end)	laatst	laatst
last (the one before this)	vorig	foarikh
late	laat	laat
later	straks	straks
laugh	lachen	lakhen
launderette	wasserette	vas-er-ette
law	recht (juridisch)	rekht (yoo-reedees)
laxative	laxeermiddel	laxeer-middel
leak	lek	lek
leather	leer	layr
leather goods	lederwaren	layder-waren
leave	vertrekken	fertrekken
leek	prei	praye
left	links	links
left (turn)	linksaf	links-af
left luggage	bagagedepot	bakhaazya-day-poh
leg	been	bayn
lemon	citroen	sit-roon
lend	lenen aan	laynen an
lens	lens	lens
lentils	linzen	linsen
less	minder	minder
lesson	les	les
letter	brief	breef
lettuce	kropsla	krop-sla
level crossing	spoorwegovergang	spoar-vekh-oafer-khang
library	bibliotheek	bib-lee-oh-tayk
lie	liegen	lee-khen
lie	liggen	likh-khen
lift	lift	lift

light (for cigarette)	vuurtje	foort-ya
light (illumination)	licht	likht
lighter	aansteker	aan-stayker
lighthouse	vuurtoren	foor-toren
lightning	bliksem	bliksem
like (something)	houden van (iets)	howden fan (eets)
line	lijn	layen
linen	linnen	linnen
lipstick	lippenstift	lippenstift
liquorice	drop	drop
listen	luisteren	lowse-teren
literature	literatuur	liter-a-toor
litre	liter	lee-ter
little	weinig	vayenik
little, a	beetje, een	an bayt-ya
live (inhabit)	wonen	woanen
live together	samenwonen	samen-woanen
lobster	kreeft	krayft
local	plaatselijk	plaatselik
lock	(deur)slot	(deur)slot
long (distance)	lang	lang
look	kijken	kayeken
look for	zoeken	zooken
look up	opzoeken	op-zooken
lorry	vrachtwagen	frakht-vaagon
lose	verliezen	ferleesen
loss	verlies	ferlees
lost	zoek/kwijt	zook/kwayet
lost item	verloren voorwerp	ferloren foar-werp
lost property office	gevonden voorwerpen	khe-fonden foar-werpen
lotion	lotion	loashon
loud	hard	hard
love (v)	houden van	howden fan
love (n)	liefde	leefda
low	laag	laakh
low tide	eb	eb
LPG	LPG	el-pay-khay
luck	geluk	kheluk
luggage	bagage	bakhaazya
luggage locker	bagagekluis	bakhaazya-klowse
lunch	lunch	lunch
lungs	longen	longen

M

macaroni	macaroni	macaroanee
madam	mevrouw	mafrough
magazine	tijdschrift	tayedskhrift
mail	post	posst
main post office	hoofdpostkantoor	hoaftposstkantoor
main road	grote weg	khroata-vekh
mains water	leidingwater	layeding-vaater
make love	vrijen	frayen
makeshift	provisorisch	provis-or-ees
man	man	man
manager	beheerder	be-hayrder
mandarin	mandarijn	mandar-ayen

131

manicure	manicure	mani-koor
map	landkaart	lantkaart
marble	marmer	marmer
March	maart	maart
margarine	margarine	markh-areena
marina	jachthaven	yakht-hafen
market	markt	markt
marriage	huwelijk	hoo-we-lik
married	getrouwd	khe-trowd
mass (communion)	mis	mis
massage	massage	massaazya
mat (photo)	mat	mat
match	wedstrijd	wedstrayed
matches	lucifers	looseefers
May	mei	maye
maybe	misschien	miss-kheen
mayonnaise	mayonaise	mayon-aisa
mayor	burgemeester	burkh-a-mayster
meal	maaltijd	maaltayed
mean	betekenen	be-taykenen
meat	vlees	flays
medication	geneesmiddel	khenays-middel
medicine	medicijn	may-dee-sayen
meet	ontmoeten/leren kennen	ont-mooten/layra kennen
melon	meloen	mel-oon
membership	lidmaatschap	lidmaatskhap
menstruate	ongesteld (zijn)	on-khesteld (zayen)
menstruation	menstruatie	menstrew-at-see
menu (choice)	menu	men-oo
menu (list)	menukaart	men-oo-kaart
message	boodschap	boatskhap
metal	metaal	may-taal
metre	meter (100 cm)	mayter (honderd senti-mayter)
migraine	migraine	mee-khrayna
mild	licht	likht
milk	melk	mel-ek
millimetre	millimeter	milli-mayter
milometer	kilometerteller	keelo-mayter-teller
mince	gehakt	khe-hakt
mineral water	mineraalwater	miner-al-vaater
minute	minuut	min-oot
mirror	spiegel	spee-khel
miss	missen	missen
missing person	vermiste	fermista
mistake	vergissing	ferkhissing
misunderstanding	misverstand	mis-ferstant
mixture	drankje	drank-ya
mocha	mokka	mokka
modern art	moderne kunst	moderna kunst
molar	kies	kees
moment	ogenblik	oakhen-blik
monastery	klooster	kloaster
Monday	maandag	maan-dakh
money	geld	khelt
month	maand	maant

moped	brommer	*brommer*
morning-after pill	morning-afterpil	*morning-after pill*
mosque	moskee	*moskay*
motel	motel	*moatel*
mother	moeder	*mooder*
motor caravan	camper	*kemper*
motorbike	motor/motorfiets	*mo-tor/mo-tor-feets*
motor-boat	motorboot	*motor-boat*
motor-cross	motorcrossen	*motor-crossen*
motorway	autoweg/snelweg	*owtoe-vekh/snelvekh*
mountain	berg	*berkh*
mouse	muis	*mowse*
mouth	mond	*mont*
much/many	veel	*fayl*
multi-storey car park	parkeergarage	*parkayr-kharaazya*
muscle	spier	*speer*
muscle spasms	krampen in spieren	*krampen in speeren*
museum/s	museum/musea	*moosayum/moosaya*
mushrooms	paddestoelen	*paddestool*
music	muziek	*moozeek*
musical	musical	*myoozical*
mussels	mosselen	*mossela*
mustard	mosterd	*mosterd*

N

nail (on hand)	nagel	*nakhel*
nail	spijker	*spaye-ker*
nail polish	nagellak	*nakhel-lak*
nail polish remover	nagellakremover	*nakhel-lak remoover*
nail scissors	nagelschaartje	*nakhel-skhaart-ya*
naked	bloot/naakt	*bloat/naakt*
name (first name)	naam (voornaam)	*naam (fornaam)*
name (surname)	naam (achternaam)	*naam (akhternaam)*
napkin	servet	*servet*
nappy	luier	*lowyer*
nationality	nationaliteit	*nashun-al-ee-tayet*
natural	natuurlijk	*natoorlik*
naturally	natuurlijk	*natoorlik*
nature	natuur	*natoor*
naturism	naturisme	*natoor-isma*
nauseous	misselijk	*misse-layek*
near	bij	*baye*
nearby	dichtbij	*dikht-baye*
necessary	nodig/noodzakelijk	*noadikh/ noadzakelayek*
neck	nek	*nek*
necklace	ketting	*ketting*
nectarine	nectarine	*nektareen*
needle	naald	*naald*
negative (photo)	negatief	*nekha-teef*
neighbours	buren	*booren*
nephew	neefje	*nayf-ya*
never	nooit	*noy-it*
new	nieuw	*nee-oow*
news	nieuws	*nee-oows*
newsstand	kiosk	*kee-osk*
newspaper	krant	*kraont*

15

next	volgende	*fol-khenda*
next to	naast	*naast*
nice (person)	aardig	*aardikh*
nice (situation)	gezellig	*khe-zellik*
nice (food)	lekker	*lekker*
niece	nichtje	*nikht-ya*
night	nacht	*nakht*
night duty	nachtdienst	*nakhtdeenst*
night-club	nachtclub	*nakhtklub*
nightlife	nachtleven	*nakhtlayfen*
no	nee	*nay*
no overtaking	inhaalverbod	*inhaalferbot*
noise	lawaai	*lawaa-ee*
non-stop	non-stop	*non-stop*
no-one	niemand	*neemant*
normal	gewoon	*khe-woan*
north	noord	*noord*
nose	neus	*n-eu-s*
nose drops	neusdruppels	*n-eu-sdruppels*
not level	niet vlak	*neet flak*
notepaper	postpapier	*posstpapeer*
nothing	niets	*nix*
November	november	*no-fember*
nowhere	nergens	*nair-khens*
nudist beach	naaktstrand	*naaktstrant*
number	nummer	*nummer*
number plate	nummerbord	*nummerbort*
nurse	verpleegster	*fer-playkhster*
nutmeg	nootmuskaat	*noatmuskaat*
nuts	noten	*noaten*

O

October	Oktober	*oktoaber*
off	bedorven	*bedorfen*
offer	aanbieden	*anbeeden*
office	kantoor	*kantoar*
off-licence	slijter	*slaye-ter*
oil	olie	*oalie*
oil change	olie verversen	*oalee ferversen*
oil level	oliepeil	*oaleepayel*
ointment	zalf	*zalf*
ointment (for burns)	brandzalf	*brant-zalf*
okay	akkoord	*akkord*
old	oud	*owd*
olive oil	olijfolie	*oa-layef-oalee*
olives	olijven	*oa-layef-en*
omelette	omelet	*omelet*
on	op	*op*
on board	aan boord	*aan boart*
on the right	rechtsaf	*rekhtsaf*
on the way	onderweg	*ondervekh*
oncoming car	tegenligger	*taykhenligger*
one-way traffic	eenrichtingsverkeer	*aynrikhtings-fer-kayr*
onion	ui	*ow-ye*
open	open	*oapa*
open, to	openen	*oapenen*
opera	opera	*op-ay-ra*

operate	opereren	*oper-rayren*
operator	telefoniste	*taylafoaniste*
operetta	operette	*oper-etta*
opposite	tegenover	*taykhen-oafer*
optician	opticien	*optis-ee-yen*
or	of	*of*
orange (colour)	oranje	*oran-ye*
orange (fruit)	sinaasappel	*seenas-appel*
orange juice	sinaasappelsap	*seenas-appelsap*
order (n)	bestelling	*be-stelling*
order (v)	bestellen	*be-stellen*
other	andere	*an-der-a*
other side	overkant	*oaferkant*
outside	buiten	*bowten*
over the phone	telefonisch	*taylafoanees*
overtake	inhalen	*inhaalen*
oysters	oesters	*oosters*

P

packed lunch	lunchpakket	*lunchpakket*
page	pagina	*pageena*
pain	pijn	*payen*
painkiller	pijnstiller	*payen-stiller*
paint	verf	*verf*
painting (art)	schilderkunst	*skhilderkunst*
painting (n)	schilderij	*skhilderaye*
palace	paleis	*pal-ayes*
pan	pan	*pan*
pancake	pannenkoek	*panne-kook*
pane	ruit	*rowt*
pants	(lange) broek	*(langa) brook*
panty liner	inlegkruisje	*inlekh-krowse-ya*
paper	papier	*papeer*
paraffin	petroleum	*petroa-layum*
parasol	parasol	*parasol*
parcel	pakje/(post)pakket	*pak-ya/(posst)pakket*
pardon	pardon	*pardon*
parents	ouders	*owders*
park	park	*park*
park (v)	parkeren	*parkayren*
parking space	parkeerplaats	*parkayrplaats*
parsley	peterselie	*payter-saylee*
part	onderdeel	*onder-dayl*
partition	afscheiding	*afskhayeding*
partner	partner	*partner*
partner (female)	vrouw	*frough*
partner (male)	man	*man*
party	feest/feestje	*fayst/fayst-ya*
passable	begaanbaar	*be-khaan-baar*
passenger	passagier	*passa-syeer*
passport	paspoort	*passpoart*
passport photo	pasfoto	*passfoto*
patient	patiënt	*pas-ee-ent*
pavement	trottoir	*trot-twaar*
pay	betalen	*be-taalen*
pay the bill	afrekenen	*af-raykenen*
peach	perzik	*perzik*

Word list

15

135

peanuts	pinda's	*pindaas*
pear	peer	*payr*
peas	doperwten	*dop-air-ta*
pedal	pedaal	*ped-aal*
pedicure	pedicure	*pedikoor*
pen	pen	*pen*
pencil	potlood	*pot-load*
penis	penis	*paynis*
pension	pensioen	*pens-ee-oon*
pepper	peper	*payper*
peppers (green, red)	paprika	*pap-ree-ka*
performance	voorstelling	*foar-stelling*
perfume	parfum	*par-fum*
perm (n)	permanent (haar)	*permanent (haar)*
perm (v)	permanenten	*permanenten*
person	persoon	*persoan*
personal	persoonlijk	*persoanlik*
petrol	benzine	*benzeena*
petrol (2 star)	normaal benzine	*normaal benzena*
petrol (4 star)	super benzine	*soo-per benzeena*
petrol (unleaded)	loodvrije benzine	*load-fraye benzeena*
petrol station	benzinestation	*benzeena stas-yon*
petroleum jelly	vaseline	*vas-a-leena*
pets	huisdieren	*howse-deeren*
pharmacy	apotheek	*ap-oa-tayk*
phone box	telefooncel	*tay-la-foan-sel*
phone directory	telefoongids	*tay-la-foan-khids*
phone number	telefoonnummer	*tay-la-foan-nummer*
photo	foto	*foto*
photocopier	kopieerapparaat	*kopee-ayraparaat*
photocopy	fotokopiëren	*fotokopee-ayren*
pick up	ophalen	*ophaalen*
picnic	picknick	*picknick*
pier	pier	*peer*
pigeon	duif	*dowf*
pill (contraceptive)	(anticonceptie-) pil	*(anticonsept-see) pill*
pillow	kussen	*kussen*
pillowcase	kussensloop	*kussensloap*
pin	speld	*speld*
pineapple	ananas	*ananas*
pipe	pijp	*payep*
pipe tobacco	pijptabak	*payeptabak*
pity	jammer	*yammer*
place of entertainment	uitgaansgelegenheid	*owtkhaans-khe-laykhenhayet*
place of interest	bezienswaardigheid	*bezeens-vaardikh-hayet*
plan	plan	*plan*
plan (of building)	plattegrond	*plattakhront*
plant	plant	*plant*
plasters	pleisters	*playesters*
plastic bag	(plastic) tasje	*(plastic) tas-ya*
plate	bord	*bord*
platform	spoor/perron	*spoar/perron*
play	spelen	*spayla*
play	toneelstuk	*toanayl-stuk*
play billiards	biljarten	*bil-yarten*
play chess	schaken	*skhaken*

play golf	golfen	kholf-en
play sport	sporten	sporten
play squash	squashen	squashen
play table tennis	tafeltennissen	taafeltennisen
play tennis	tennissen	tennisen
play volleyball	volleyballen	volleyballen
playground	speeltuin	spayltown
playing cards	speelkaarten	spaylkaarten
pleasant	aangenaam	ankhe-naam
please (requesting)	alstublieft (a.u.b.)	als-too-bleeft
pleasure	genoegen	khe-nookhen
plum	pruim	prowm
pocket knife	zakmes	zakmes
point	wijzen	wayezen
poison	gif	khif
police	politie	pol-eet-see
police station	politiebureau	pol-eet-see boo-roa
policeman	agent	a-khent
pond	vijver	vayefer
pony	pony	ponny
pop concert	popconcert	popkonsairt
population	bevolking	befolking
pork	varkensvlees	varkens-flays
port	portwijn	port-wayen
porter (at station)	kruier	krow-yer
porter (at door)	portier	port-eer
post box	postbus	posst-bus
post code	postcode	posst-koada
post office	postkantoor	posstkantoor
postage	porto	porto
postcard	briefkaart	breefkaart
postcard (picture)	ansichtskaart	ansikhtskaart
postman	postbode	posst-boada
potato	aardappel	aard-appel
poultry	gevogelte	khe-foa-khelta
powdered milk	poedermelk	pooder-mel-ek
power point	stopcontact	stop-kontakt
pram	kinderwagen	kinder-vakhen
prawns	garnalen	kharnalen
precious	dierbaar	deerbaar
prefer	liever hebben	leefer hebben
preference	voorkeur	foark-eu-r
pregnant	zwanger/in verwachting	zwanger/in fer-vakhting
present (adj)	aanwezig	anwayzikh
present (n)	cadeau	kadoh
press	indrukken	indrukken
pressure	druk/spanning	druk/spanning
price	prijs	prayes
price list	prijslijst	prayes-laye-st
print (n)	afdruk	afdruk
print (v)	afdrukken	afdrukken
probably	waarschijnlijk	waarskhaynlik
problem	probleem	problaym
profession	beroep	beroop
programme	programma	prokhramma
pronounce	uitspreken	owtsprayken

prune	gedroogde pruim	*khedroakhda prowm*
pudding	pudding	*pudding*
pull	trekken	*trekken*
pull a muscle	spier verrekken	*speer fer-rekken*
pure	puur	*p-oo-er*
purple	paars	*paarse*
purse	portemonnee	*porta-monnay*
push	duwen	*doowen*
puzzle	puzzel	*puz-zel*
pyjamas	pyjama	*pee-yama*

Q

quarter	kwart	*kwart*
quarter of an hour	kwartier	*kwarteer*
question	vraag	*frakh*
quick	vlug	*flukh*
quiet	rustig	*rustikh*

R

radio	radio	*rad-ee-oh*
railways	spoorwegen	*spoor-vaykhen*
rain	regen	*raykhen*
raincoat	regenjas	*raykhen-yas*
raisins	rozijnen	*roaz-aye-nen*
rape	verkrachting	*ferkrakhting*
rapids	stroomversnelling	*stroamfersnelling*
raspberries	frambozen	*framboazen*
raw	rauw	*r-ough*
raw vegetables	rauwkost	*r-ough-kost*
razor blades	scheermesjes	*skheermesjes*
read	lezen	*layzen*
ready	klaar	*klar*
really	eigenlijk	*ayekhenlik*
receipt	bon/kwitantie/bewijs (van betaling)/reçu/ kassabon	*bon/kwitant- see/bewayes (fan betaling)/ra-soo/ kassabon*
recipe	recept	*re-sept*
reclining chair	ligstoel	*likh-stool*
recommend	aanbevelen	*aan-befaylen*
rectangle	rechthoek	*rekhthook*
red	rood	*roat*
red wine	rode wijn	*roada wayen*
reduction	reductie	*redukt-see*
refrigerator	koelkast	*koolkast*
regards	groeten, de	*de khrootta*
region	streek/regio	*strayk/raykhee-oh*
registered	aangetekend	*ankhe-taykent*
registration	kentekenbewijs	*kentayken-be-wayes*
relatives	familie	*fam-ee-lee*
reliable	betrouwbaar	*betroughbaar*
religion	geloof	*kheloaf*
rent out	verhuren	*fer-hooren*
repair	repareren	*repar-ayren*
repairs	reparatie	*repar-aatsee*
repeat	herhalen	*herhaalen*
request	verzoeken	*fer-zooken*

responsible	verantwoordelijk	*ferant-wordelik*
rest	uitrusten	*owt-rusten*
restaurant	restaurant	*restorant*
result	uitslag	*owtslakh*
retired	gepensioneerd	*khe-pens-ee-oa-nayrd*
return (ticket)	retour (kaartje)	*retoor (kaart-ya)*
reverse	achteruitrijden	*akhter-owt-rayeden*
rheumatism	reumatiek	*reumateek*
rice	rijst	*rayest*
ridiculous	onzin	*onzin*
riding (horseback)	paardrijden	*paard-raye-den*
riding school	manege	*manay-zya*
right of way	voorrang	*foar-ang*
ripe	rijp	*rayep*
risk	risico	*ris-ee-ko*
river	rivier	*riveer*
road	weg	*vekh*
roadway	rijweg	*raye-vekh*
roasted	gebraden	*khe-braden*
rock	rots	*rots*
roll	broodje	*broat-ya*
rolling tobacco	shag	*shek*
roof rack	imperiaal	*impeer-eeaal*
room	kamer	*kamer*
room number	kamernummer	*kamernummer*
room service	roomservice	*roomservice*
rope	touw	*t-ough*
rosé	rosé	*roas-ay*
roundabout	rotonde	*roat-onda*
route	route	*roote*
rowing boat	roeiboot	*roo-ee-boat*
rubber	rubber	*rubber*
rubbish (nonsense)	flauwekul	*fl-ow-wa kul*
rubbish bag	vuilniszak	*fowl-nis-zak*
rucksack	rugzak	*rukhzak*
rude	onbeleefd	*onbelayft*
ruins	ruïnes	*roo-een-es*
run into	ontmoeten/	*ont-mooten/*
	tegenkomen	*taykhen-koamen*
running shoes	sportschoenen	*sport-/skhoonen*

S

sad	verdrietig	*ferdreetikh*
safari	safari	*safaree*
safe (n)	kluis	*klows*
safe (adj)	veilig	*fayelikh*
safety pin	veiligheidspeld	*fayelikhayetsspeld*
sail	zeilen	*zayelen*
sailing boat	zeilboot	*zayelboat*
salad	salade	*salaa-da*
salad oil	slaolie	*sla-oalee*
salami	salami	*salami*
sale	uitverkoop	*owtferkoap*
salt	zout	*zowt*
same	zelfde	*zelfda*
same, the	hetzelfde	*hetzelfda*
sandy beach	zandstrand	*zant-strant*

sanitary pad	maandverband	maand-ferbant
sardines	sardines	sardeenas
satisfied	tevreden	tefrayden
Saturday	zaterdag	zaterdakh
sauce	saus	sows
sauna	sauna	sauna
sausage	worst	vorst
savoury	hartig	hartikh
scarf	das	das
scarf	sjaal	shaal
scenic walk	wandelroute	vandelroote
school	school	skhoal
scissors	schaar	skhaar
scooter	scooter	skooter
scorpion	schorpioen	skhorpee-oon
scrambled eggs	roerei	roo-er-ei
screw	schroef	skhroof
screwdriver	schroevendraaier	skhroofen-draayer
sculpture	beeldhouwkunst	baylt-hough-kunst
sea	zee	zay
seasick	zeeziek	zayzeek
seat	zitplaats	zitplaats/plaats
second	tweede	twayda
second (time)	seconde	seconda
second-hand	tweedehands	twaydahants
sedative	kalmeringsmiddel	kalmayringsmiddel
see	bekijken	bekayeken
self-timer	zelfontspanner	zelfontspanner
semi-skimmed (milk)	half-vol	hal-ef-fol
send	versturen	ferstooren
sentence	zin	zin
September	september	september
serious	ernstig	ernstikh
service	bediening	bedeening
sewing thread	naaigaren	naay-ee-khaaren
shade	schaduw	skhadoow
shallow	ondiep	ondeep
shampoo	shampoo	shampoa
shark	haai	haay-ee
shave	scheren	skhayren
shaver	scheerapparaat	skhayraparaat
shaving brush	scheerkwast	skhayrkwast
shaving cream	scheercrème	skhayrcrem
shaving soap	scheerzeep	skhayrzayp
sheet	laken	laaken
sherry	sherry	sherry
shirt	overhemd/hemd	oaferhemd/hemd
shoe	schoen	skhoon
shoe polish	schoensmeer	skhoon-smayr
shoe shop	schoenenwinkel	skhoonen-vinkel
shoe size	(schoen)maat	(skhoon)maat
shoemaker	schoenmaker	skhoonmaaker
shop	winkel	vinkel
shop (v)	boodschappen doen	boatskhappa doon
shop assistant (male/ female)	verkooper/ verkoopster	ferkoaper/ ferkoapster
shop window	etalage	aytalaazya

shopping centre	winkelcentrum	*vinkelsentrum*
short	kort	*kort*
short circuit	kortsluiting	*kortslowting*
shorts	(korte) broek	*(korta)brook*
shoulder	schouder	*skhowder*
show	voorstelling	*foarstelling*
shower	douche	*doosh*
shutter	sluiter	*sl-owa-ter*
sieve	zeef	*zayf*
sign	ondertekenen	*ondertaykenen*
sign (road)	bord (op straat)	*bord (op straat)*
sign (signature)	tekenen	*taykenen*
signature	handtekening	*hanttaykening*
silence	stilte	*stilta*
silver	zilver	*zilver*
silver-plated	verzilverd	*ferzilvert*
simple	eenvoudig	*aynfoudikh*
single (room)	eenpersoons	*aynpersoans*
single (unmarried)	ongetrouwd	*onkhetrowt*
single (person)	vrijgezel	*fraye-khezel*
single (ticket)	enkele reis (kaartje)	*enkela rayes (kaart-ya)*
sir	meneer	*menayr*
sister	zus	*zus*
sit	zitten	*zit-ten*
skimmed (milk)	magere	*maakh-er-a*
skin	huid	*h-owa-t*
skirt	rok	*rok*
sleep	slapen	*slaapen*
sleep well	welterusten	*vel-ta-rusta*
sleeping pills	slaappillen	*slaap-pillen*
slide	dia	*dee-ya*
slip	onderjurk	*onder-yurk*
slip road	oprit	*oprit*
slow	langzaam	*langzaam*
slow train	stoptrein	*stoptrayen*
small	klein	*klayen*
small change	kleingeld	*klayenkhelt*
smell	stinken	*stinken*
smoke (n)	rook	*roak*
smoke (v)	roken	*roaken*
smoked	gerookt	*kherookt*
smoking compartment	rookcoupé	*roak-koopay*
snake	slang	*slang*
snorkel	snorkel	*snorkel*
snow	sneeuw	*snay-oo-wa*
snow chains	sneeuwkettingen	*snay-oo-wa-kettingen*
snowing	sneeuwen	*snay-oo-wen*
soap	zeep	*zayp*
soap box	zeepdoos	*zayp-doas*
soap powder	zeeppoeder	*zayp-pooder*
soccer	voetballen, het	*footballen, het*
soccer match	voetbalwedstrijd	*football-ved-strayet*
socket	stopcontact	*stopkontakt*
socks	sokken	*sokken*
soft drink	frisdrank	*frisdrank*
sole (fish)	tong	*tong*

141

sole (shoe)	zool	zoal
solicitor	advocaat/jurist	ad-vo-kaat/yurist
someone	iemand	eemant
something	iets	eets
sometimes	soms	soms
somewhere	ergens	erkhens
son	zoon	zoan
soon	gauw	khough
sorbet	sorbet	sor-bet
sore	zweer	zwayr
sore throat	keelpijn	kayl-payen
sorry	sorry	soree
sort	soort	soart
soup	soep	soop
sour	zuur	zoo-er
sour cream	zure room	zoo-er-a roam
source	bron	bron
south	zuid	zowd
souvenir	souvenir	soofeneer
spaghetti	spaghetti	spakhetti
spanner	moersleutel	moorsl-eu-tel
spanners, open-ended	steeksleutels	steek-sl-eu-tels
spare	reserve	reserva
spare tyre	reserveband	reserva-bant
spare wheel	reservewiel	reserva-weel
speak	spreken	sprayken
special	bijzonder	bayezonder
specialist	specialist	spes-ee-alist
specialty	specialiteit	spes-ee-al-ee-tayet
speed limit	maximumsnelheid	maximumsnelhayet
spell	spellen	spellen
spicy	gekruid	khekrowt
splinter	splinter	splinter
spoon	lepel	laypel
sport	sport	sport
sports centre	sporthal	sporthal
spot	plaats/plek	plaats/plek
sprain	verzwikken	ferzwikken
spring	lente	lenta
square (place)	plein	playen
square (shape)	vierkant	feerkant
square metres	vierkante meter	feerkanta mayter
stadium	stadion	sta-deeyon
stain	vlek	flek
stain remover	vlekkenmiddel	vlekkenmiddel
stainless steel	roestvrij staal	roostvray staal
stairs	trap	trap
stalls (theatre)	zaal (theater)	zaal (tay-a-ter)
stamp	postzegel	posstzaykhel
start	starten	starten
statement	proces-verbaal	prosess-ferbaal
station	station	staashon
statue	standbeeld	stantbaylt
stay	blijven	blayefen
stay	verblijf	ferblayef
steal	stelen	stayla
steel	staal	staal

stench	stank	*stank*
sting	steken	*stayken*
stitch	hechting	*hekhting*
stitch (med.)	hechten	*hekhten*
stock (cubes)	bouillon (blokjes)	*bool-yon (blok-yas)*
stockings	kousen	*kowse-en*
stomach	buik/maag	*b-owa-k/maakh*
stomach ache	buikpijn/maagpijn	*b-owa-k-payen/ maakh-payen*
stomach cramps	krampen in buik	*krampen in b-owa-k*
stools	ontlasting	*ontlasting*
stop	halte	*halta*
stopover	tussenlanding	*tussenlanding*
storm	storm	*stor-em*
storm (v)	stormen	*storm-en*
straight (hair)	steil (haar)	*stayel*
straight ahead	rechtdoor	*rekhtdoor*
straw (drinking)	rietje	*reet-ya*
strawberries	aardbeien	*aardbayen*
street	straat	*straat*
street side	straatkant	*straatkant*
strike	staking	*staaking*
strong (tobacco)	zwaar (tabak)	*zwaar (tabak)*
study	studeren	*stoodayren*
stuffing	vulling	*fulling*
subscriber's number	abonneenummer	*abonnay-nummer*
subtitled	ondertiteld	*onderteetelt*
succeed	lukken	*lukken*
sugar	suiker	*s-owa-ker*
sugar lumps	suikerklontjes	*s-owa-ker klont-yas*
suit	pak	*pak*
suitcase	koffer	*koffer*
summer	zomer	*zoamer*
summertime	zomertijd	*zoamertayet*
sun	zon	*zon*
sun hat	zonnehoed	*zonna-hoot*
sunbathe	zonnebaden	*zonna-baaden*
Sunday	zondag	*zondakh*
sunglasses	zonnebril	*zonnabril*
sunrise	zonsopgang	*zonsopkhang*
sunset	zonsondergang	*zonsonderkhang*
sunstroke	zonnesteek	*zonnastayk*
suntan lotion	zonnebrandcrème	*zonnabrantkrem*
suntan oil	zonnebrandolie	*zonnabrant-oalee*
supermarket	supermarkt	*supermarkt*
surcharge	toeslag	*too-slakh*
surf	surfen	*surfen*
surf board	surfplank	*surfplank*
surgery (doctor's)	spreekuur	*sprayk-oor*
surname	achternaam	*akhternaam*
surprise	verrassing	*fer-rassing*
swallow	doorslikken	*doorslikken*
swamp	moeras	*mooras*
sweat	zweet	*zwayt*
sweet (n)	snoepje	*snoop-ya*
sweet (endearing)	lief	*leef*
sweet (flavour)	zoet	*zoot*

sweetcorn	maïs	maa-yees
sweeteners	zoetjes	zoot-yas
sweets	snoep(goed)	snoop(khood)
swim	zwemmen	zwemmen
swimming pool	zwembad	zwembat
swimming trunks	zwembroek	zwembrook
swindle	oplichting	oplikhting
switch	schakelaar	skhaakalaar
synagogue	synagoge	sinakhokha
syrup	stroop	stroap

T

tablet	tablet	tab-let
take (a period of time)	duren	dooren
take (for use)	gebruiken	khe-browken
take (medicine)	innemen	in-naymen
take (photo)	(foto)maken	foto(maaken)
take pictures	fotograferen	fotokhrafayren
taken	bezet	be-zet
talcum powder	talkpoeder	tal-ek-pooder
talk	praten	praaten
tall	lang	lang
tampons	tampons	tampons
tan (to)	bruin worden	br-owa-n worden
tap	kraan	kraan
tap water	kraanwater	kraan-vaater
taste	proeven	proofen
tax free shop	taxfreewinkel	texfree-vinkel
taxi	taxi	taksee
taxi meter	meter (in taxi)	mayter (in taksee)
taxi rank/stand	taxistandplaats	taksee-stantplaats
tea	thee	tay
teapot	theepot	taypot
teaspoon	theelepel	taylaypel
teat	speen	spayn
telegram	telegram	tayla-khram
telephone	telefoon	tayla-foan
telephoto lens	telelens	taylalense
television	televisie	taylafeesee
telex	telex	taylex
temperature	temperatuur	temper-a-toor
temporary filling	noodvulling	noatfulling
tender	mals	malse
tennis ball	tennisbal	tennisbal
tennis court	tennisbaan	tennisbaan
tennis racquet	tennisracket	tennisrack-et
tenpin bowling	bowlen	boalen
tent	tent	tent
tent peg	haring	haaring
terrace	terras	ter-as
terribly	ontzettend	ont-zett-ent
thank	bedanken	bedanken
thank you	dank u wel	dank oo vel
thanks	bedankt	bedankt
thaw	dooien	doa-yen
the day before yesterday	eergisteren	ayr-khistera
theatre	schouwburg	skh-ough-burkh

theft	diefstal	*deefstal*
there	daar	*daar*
thermal bath	thermisch bad	*tairmees bat*
thermometer	thermometer	*tairm-oh-mayter*
thick	dik	*dik*
thief	dief	*deef*
thigh	dij	*daye*
thin	dun	*dun*
thin	mager	*maakher*
things	spullen	*spulla*
think	denken	*denken*
third	derde	*derda*
thirst, be	dorst hebben	*dorst hebben*
this afternoon	vanmiddag	*fan-middakh*
this evening	vanavond	*fan-afont*
this morning	vanmorgen	*fan-morkha*
thread	draad	*draad*
thread	garen	*kharen*
throat	keel	*kayl*
throat lozenges	keelpastilles	*kaylpastee-yes*
throw up	braken	*braaken*
thunderstorm	onweer	*onwayr*
Thursday	donderdag	*donderdakh*
ticket	kaartje	*kaart-ya*
tickets	plaatskaarten	*plaats-kaarten*
tidy	opruimen	*oprowmen*
tie	das	*das*
tights	panty	*pantee*
time	tijd	*tayet*
times	maal (keer)	*maal (kayr)*
timetable	dienstregeling	*deenst-raykheling*
tin	blik	*blik*
tissues	papieren zakdoekjes	*papeeren zakdookyas*
toast	toast	*toast*
tobacco	tabak	*tabak*
today	vandaag	*fandaakh*
toe	teen	*tayn*
together	samen	*saamen*
toilet	w.c.	*way say*
toilet paper	toiletpapier	*twalet-papeer*
toilet seat	bril (w.c.)	*bril*
toiletries	toiletartikelen	*twalet-arteekelen*
tomato purée	tomatenpuree	*tomaten-pooray*
tomato sauce	tomatenketchup	*tomatenketchup*
tomorrow	morgen	*morkhen*
tongue	tong	*tong*
tonic water	tonic	*tonic*
tonight	vanavond/vannacht	*fanafont/fannakht*
too much	te veel	*te fayl*
tools	gereedschap	*kheraydskhap*
tooth	tand	*tant*
toothache	kiespijn	*keespayen*
toothbrush	tandenborstel	*tandenborstel*
toothpaste	tandpasta	*tandpasta*
toothpick	tandenstoker	*tandenstoaker*
top	stoppen	*stoppen*

top up	bijvullen	*bayefullen*
total	totaal	*toataal*
tough	taai	*taa-ya*
tour	rondrit	*rondrit*
tour guide	reisleider	*rayes-layeder*
tourist card	toeristenkaart	*tooristen-kaart*
tourist class	toeristenklasse	*tooristen-klasse*
Tourist Information office	VVV-kantoor	*vay-vay-vay-kantoor*
tow	slepen	*slaypen*
tow rope	sleepkabel	*slayp-kaab-el*
towel	handdoek	*handdook*
tower	toren	*tor-en*
town	stad	*stat*
town walk	stadswandeling	*statsvandeling*
town/city map	stadsplattegrond	*stats-platta-khront*
toy	speelgoed	*spayl-khood*
traffic	verkeer	*fer-keer*
traffic light	verkeerslicht	*fer-keers-likht*
train	trein	*trayen*
train ticket	treinkaartje	*trayen-kaart-ya*
train timetable	spoorboekje	*spoar-book-ya*
trainers	sportschoenen	*sport-skhoonen*
translate	vertalen	*fer-taalen*
travel	reizen	*rayesen*
travel agent	reisbureau	*rayes-booroa*
travel guide	reisgids	*rayes-khids*
traveller	reiziger	*rayes-ikher*
traveller's cheque	reischeque	*rayes-shek*
treacle	stroop	*stroap*
treatment	behandeling	*behandeling*
triangle	driehoek	*dreehook*
trim	bijpunten	*bayepunten*
tip	fooi	*foay-ee*
trip (journey)	reis	*rayes*
trip (outing)	uitstapje/tocht	*owtstap-ya/tokht*
trouble	last	*last*
trout	forel	*forel*
trunk call	interlokaal gesprek	*interloakaal khesprek*
trunk dialling code (STD)	kengetal	*ken-khetal*
trustworthy	betrouwbaar	*be-trough-baar*
try on	passen/aanproberen	*passen/ aanprobayren*
tube	tube	*tooba*
Tuesday	dinsdag	*dinsdakh*
tumble drier	droogtrommel	*droakhtrommel*
tuna	tonijn	*tonayen*
tunnel	tunnel	*tunnel*
turn	keer	*kayr*
TV	tv	*tay-fay*
tv guide	radio-en tv gids	*rad-ee-o en tay-fay khids*
tweezers	pincet	*pinset*
tyre	buitenband	*bowtenbant*
tyre-lever	bandenlichter	*bandenlikhter*
tyre-pressure	bandenspanning	*banden-spanning*

U

ugly	lelijk	*laylik*
umbrella	paraplu	*para-ploo*
under	onder	*onder*
underground	metro	*maytro*
underground railway system	metronet	*maytro-net*
underground station	metrostation	*maytro-stasyon*
underpants	onderbroek	*onderbrook*
understand	begrijpen	*be-khrayepen*
underwear	ondergoed	*onder-khood*
undress	uitkleden	*owt-klayden*
unemployed	werkloos	*werk-loas*
uneven	ongelijk	*on-khelayek*
university	universiteit	*ooni-fers-it-tayet*
unleaded	loodvrij	*loadfraye*
up	(naar) boven	*(naar) boafen*
urgent	dringend	*dringent*
urgently	spoed	*spood*
urine	urine	*oo-reena*
usually	meestal	*maystal*

V

vacate	ontruimen	*ont-rowmen*
vaccinate	inenten	*inenten*
vagina	vagina	*vakheena*
vaginal infection	vaginale infectie	*vakheenala infekt-see*
valid	geldig	*kheldikh*
valley	dal	*dal*
valley	vallei	*vall-aye*
valuable	kostbaar	*kostbaar*
van	bestelbusje	*bestel-bus-ya*
vanilla	vanille	*vanee-ya*
vase	vaas	*vaas*
veal	kalfsvlees	*kal-efs-flays*
vegetable soup	groentesoep	*khroonta-soop*
vegetables	groente	*khroonta*
vegetarian	vegetariër	*vekhetar-ee-ar*
vein	ader	*aader*
vending machine	automaat	*owtomaat*
venereal disease	geslachtsziekte	*kheslakhtsziekta*
via	via	*vee-a*
video recorder	videorecorder	*videe-o-recorder*
video tape	videoband	*videe-o-bant*
view	uitzicht	*owtzikht*
village	dorp	*dorp*
visa	visum	*veesum*
visit	bezoek	*bezoek*
visit	visite	*vis-eeta*
vitamin tablets	vitaminetabletten	*vitameena-tabletten*
vitamins	vitamine	*vita-meena*
volcano	vulkaan	*vulkaan*
vomit	overgeven	*oafer-khayfen*

W

wait	wachten	*vakhten*
waiter	ober	*oaber*

Word list

15

147

waiting room	wachtkamer	vakht-kaamer
waitress	serveerster	servayrster
wake up	wekken	wekken
walk	lopen	loapen
walk (n)	wandeling	vand-a-ling
wallet	portefeuille	porta-foo-ye
wardrobe	garderobe	kharda-roaba
warn	waarschuwen	vaarskhoowen
warning	waarschuwing	vaarskhoowing
wash	wassen	wassen
washing	was/wasgoed	was/waskhood
washing line	waslijn	waslayen
washing machine	wasmachine	was-masheena
washing-powder	wasmiddel	wasmiddel
wasp	wesp	wesp
water	water	vaater
water ski	waterskiën	vaaterskee-en
waterproof	waterdicht	vaater-dikht
wave-pool	golfslagbad	golf-slakh-bat
way	kant/richting	kant/rikhting
way (manner)	middel	middel
we	we/wij	wa/waye
weak	zwak	zwak
weather	weer, het	wayr, het
weather forecast	weerbericht	wayrbericht
wedding	bruiloft/huwelijk	brow-loft/hoo-wa-lik
Wednesday	woensdag	woonsdakh
week	week	wayk
weekend	weekend	week-ent
weekend duty	weekenddienst	week-ent-deenst
weekly ticket	weekabonnement	wayk-abonna-ment
welcome	welkom	welkom
well	goed	khood
west	west	west
wet	nat	nat
wet-suit	surfpak	surfpak
what?	wat?	vat?
wheel	wiel	weel
wheelchair	rolstoel	rolstool
when?	wanneer?	vaneer
where?	waar?	vaar
which?	welk	vel-ek
whipped cream	slagroom	slakhroam
white	wit	vit
who?	wie?	vee?
wholemeal	volkoren	folkoaren
wholemeal bread	volkorenbrood	folkoarenbroad
why?	waarom?	vaarom?
wide-angle lens	groothoeklens	khroathooklens
widow	weduwe	waydoowa
widower	weduwnaar	waydoownar
wife	echtgenote/vrouw	ekhtkhenoata/frough
wind	wind	vint
windbreak	windscherm	vintskhairm
windmill	molen	moalen
window (at counter)	loket	lok-et
window (in wall)	raam	raam

Word list

windscreen wiper	ruitenwisser	*rowtenvisser*
wine	wijn	*wayen*
wine list	wijnkaart	*wayen-kaart*
winter	winter	*vinter*
witness	getuige	*khetowkha*
woman	vrouw	*frough*
women's briefs	slipje	*slip-ya*
women's toilet	damestoilet	*dames-twalet*
wonderful	heerlijk	*heerlik*
wood	hout	*howt*
wool	wol	*wol*
word	woord	*woard*
work	werk	*verk*
working day	werkdag	*verkdakh*
worn	versleten	*ferslayten*
worried	ongerust	*onkherust*
wound	wond	*wont*
wrap	inpakken	*in-pakken*
wrist	pols	*pols*
write	schrijven	*skhrayefen*
write down	opschrijven	*opskhrayefen*
writing pad	blocnote	*blocknoat*
writing paper	briefpapier	*breefpapeer*
written	schriftelijk	*skhriftelik*
wrong	verkeerd	*ferkayrd*

Y

yacht	jacht	*yakht*
year	jaar	*yaar*
yellow	geel	*khayl*
yes	ja	*ya*
yes, please	graag	*khraakh*
yesterday	gisteren	*khistera*
you	u/je	*oo/ya*
you too	insgelijks	*ins-khe-layeks*
youth hostel	jeugdherberg	*yeukht-herberkh*

Z

zebra pedestrian crossing	zebrapad	*zaybrapat*
zip	rits	*rits*
zoo	dierentuin	*deerentown*

Basic grammar

1 Articles

Dutch nouns are either of common masculine/feminine gender or neuter.

The definite article (the)
The definite article in Dutch is either **de** or **het**. About two-thirds of all singular nouns take the common gender article **de** and all plurals are **de** words. The neuter form **het** is used for neuter singular nouns and all diminutives (**meisje, fietsje, tasje**). The **-je** ending of a word denotes a diminutive.

The indefinite article (**a, an**)
Nouns of both genders take the indefinite article **een**, often unstressed and pronounced similarly to **an** in another. The same word also means one but is then stressed as **ay** in say.

2 Plural

The most common plural form in Dutch is the **-en** ending of words:

woord (sing.)	**woorden** (plural)
dag (sing.)	**dagen** (plural).

Nouns with a double vowel drop one of them when the **-en** is added to form the plural:

uur (sing.)	**uren** (plural)
boot (sing.)	**boten** (plural).

Most nouns ending in **-s** or **-f** change this to **-z** and **-v** when the **-en** is added:

prijs (sing.)	**prijzen** (plural)
brief (sing.)	**brieven** (plural).

Borrowed words from other languages and those ending in **-el, -em, -en, -aar**, and the diminutive **-je** generally take an **-s** to form the plural:

tafel (sing.)	**tafels** (plural)
deken (sing.)	**dekens** (plural)
winnaar (sing.)	**winnaars** (plural)
meisje (sing.)	**meisjes** (plural)

3 Adjectives

Adjectives that immediately precede a noun normally take an **-e** ending:
de oude vrouw
een prettige vakantie

When the adjective follows the noun the adjective does not usually take an **-e** ending and the same is true of neuter singular nouns preceded by **een** or where the words **elk/ieder** (each), **veel** (much). **zulk** (such), and **geen** (no) precede the adjective:
een wit huis
elk goed boek
veel vers fruit
zulk mooi weer
geen warm water

4 Demonstrative pronouns

This	**deze**	(with common gender nouns)
	dit	(with neuter nouns)
That	**die**	(with common gender nouns)
	dat	(with neuter nouns)
These	**deze**	(with plural nouns)
Those	**die**	(with plural nouns)

5 Personal pronouns

Subject		**Object**	
I	**ik**	me	**mij** or **me**
you	**je** or **jij** (fam.)*	you	**je** or **jou** (fam.)*
you	**u**	you	**u**
he	**hij**	him	**hem**
she	**ze** or **zij**	her	**haar**
it	**het**	it	**het**
we	**we** or **wij**	us	**ons**
you	**jullie** (fam.) *	you	**jullie** (fam.) *
they	**ze** or **zij**	them	**hen**

The familiar versions **je** or **jij** (singular) and **jullie** (plural) and associated forms are only used when talking to persons you are familiar with, friends, and children. When addressing a person you do not know use **u** and the associated **uw** in both singular and plural.

6 Personal nouns

my	**mijn**
your	**jouw** (fam.)*
your	**uw**
his	**zijn**
her	**haar**
its	**zijn**
our	**ons** (with singular neuter nouns)
	onze (with common gender and plural nouns)
your	**jullie** (fam.)*
their	**hun**

7 Verbs

The two essential verbs in Dutch are *hebben* (to have) and *zijn* (to be). They are irregular verbs.

I have	**ik heb**
you have	**jij hebt** (fam.)*
you have	**u hebt**
he/she/it has	**hij/zij/het heeft**
we have	**wij hebben**
you have	**jullie hebben** (fam.)*
they have	**zij hebben**

I am	**ik ben**
you are	**jij bent** (fam.)*
you are	**u bent**
he/she/it is	**hij/zij/het is**
we are	**wij zijn**
you are	**jullie zijn** (fam.)*
they are	**zij zijn**

The infinitive of Dutch verbs generally end **-en**. To form tenses it is necessary to find the stem of the verb. Generally this is the infinitive less -**en**.
e.g. **noemen** (to name):
infinitive is **noemen**; the stem is **noem**.

Present tense		**Past tense**	
ik noem	I name	**ik noemde**	I named
u noemt	you name	**u noemde**	you named
hij/zij/het noemt	he/she/it names	**hij/zij/het noemde**	he/she/it named
wij noemen	we name	**wij noemden**	we named
zij noemen	they name	**zij noemden**	they named

These models can be used for most regular verbs but when the stem ends in **p**, **t**, **k**, **f**, **s**, or **ch**, add -**te** and -**ten** instead to the stem.

8 Past Perfect

This tense is formed as in English (I have made) with the verb to have (*hebben*) and the past participle. The past participle is derived from the stem, adding **ge**- in front of the stem and -**d** or -**t** at the end.
e.g.
Infinitive	**bouwen**
Verb stem	**bouw**
Past participle	**gebouwd**.

The past participle must be placed after the object of the sentence:
Ik heb een huis gebouwd. (I have built a house).

Please note that verbs prefixed **be**-, **er**-, **her**-, **ont**-, and **ver**- do not take the prefix **ge**- in the past participle.

Verbs that express motion with a destination use the verb to be (*zijn*) instead of *hebben* to form the perfect tense:
We zijn naar Amsterdam gevlogen. (We have flown to Amsterdam).